탈무드가 말하는
교육원리

탈무드가 말하는 **교육원리**

초판 1쇄 인쇄 2025년 5월 05일
초판 1쇄 발행 2025년 5월 10일

강의자   변순복
구성 • 편집   변정숙
펴낸이   김정희

펴낸곳   하임(the 하임)
등록일   2017년 9월 14일
등록번호   816 - 91 - 00330
주소   서울시 마포구 성암로5길 12 101동 1301호
전화   02 - 307 - 1007
팩스   02 - 307 - 1009
이메일   chaim1007@hanmail.net

디자인   하연디자인
표지디자인   유영열

표지이미지(Shutter stock)
본문 이미지(Shutter stock)

ISBN 979 - 11 - 987409 - 9 - 1

* 책 값은 뒤표지에 있습니다.
* 잘못된 책은 교환하여 드립니다.

이 책의 저작권은 하임(THE 하임)출판사에 있습니다. 신 저작권법에 의해 국내에서 보호를 받는 저작물이므로 무단 전재와 무단복제를 금합니다.

탈무드가 말하는
교육원리

Educational Principles

강의자 **변순복**
구성·편집 **변정숙**

"교육은 지식의 전달이 아니라
[인]격과 경외심을 형성하는
[영]적 여정이다"

차 례

서문/6

강의자의 글/8

감사의 글/12

제1장
성공적인 차세대 유대인 히누흐(חנוך, 교육)의 원리 ——— 15

제2장
성공적인 유대인 히누흐(חנוך, 교육) ——— 23

제3장
유대인들이 2세 신앙교육에 사용하는 교과서 ——— 31

제4장
자녀가 만나는 최초의 교육기관 '가정' ——— 41

제5장
하나님을 경험하는 장소에서 배우는 기도의 목적 ——— 55

제6장
어머니, 아버지, 교사, 자녀 업무 분담 ——— 65

제7장
미도트(מידות, 인격과 성품) 훈련과 좋은 습관 길들이기 ——— 79

제8장
부모님이 실천하며 보여 주어야 한다 ──── 87

제9장
학교를 선택하는 방법 ──── 97

제10장
부모를 공경하는 유대인 히누흐(חִנּוּךְ, 교육) ──── 109

제11장
즐겁게 토라(תּוֹרָה)를 배우기: 토라(תּוֹרָה)는 생명나무 ──── 125

제12장
순종하는 훈련 ──── 139

제13장
유대인 교육 시스템의 이해 ──── 151

부록 유대교 신앙교육의 과정과 교과서 그리고 교사의 역할/167
탈무드 약어표/174

서 문

오늘날 우리는 교육의 위기 속에 살고 있습니다. 배움의 기회는 많아졌지만, 참된 지혜는 점점 사라지고 학교는 지식을 쌓는 곳이 되었지만, 삶의 방향을 배우는 곳은 점점 찾아보기 어렵습니다. 부모와 교사, 아이들 모두가 바쁘고 지쳐 있으며, 교육은 점점 더 성과와 경쟁에만 집중하는 분위기로 흐르고 있고, 이제는 멈추어 서서 교육의 본래 목적이 무엇이었는지를 다시 생각해 볼 때입니다.

본서 『탈무드가 말하는 교육원리』는 바로 그러한 자리에서 시작된 고민의 열매입니다. 오랜 세월 동안 유대인들은 '탈무드'라는 지혜의 책을 통해 다음 세대를 가르쳐 왔습니다. 그들은 단지 지식을 전달하는 데 그치지 않고, 마음과 인격을 함께 세우는 교육을 실천해 왔습니다. 탈무드는 그런 유대인의 삶과 신앙, 교육을 하나로 연결해 주는 중요한 열쇠입니다.

본서는 탈무드 속에 담긴 교육의 원리를 정리하고, 오늘날의 가정과 학교, 교회와 사회에 어떻게 적용할 수 있을지를 친절하게 설명하고 있습니다. 총 13장으로 구성된 이 책은, 교육의 시작과 목적에서부터 부모와 교사의 역할, 학생을 어떻게 바라보아야 하는지, 그리고 배움의 기쁨과 책임까지 폭넓게 다루고 있습니다.

예를 들어, 히누흐(교육)라는 유대인의 교육원리를 통해 '어떻게 자녀를 믿음 안에서 키울 것인가'를 살펴보기도 하고, 기도와 교육의 관계를 설명하면서 '삶 전체가 교육이 될 수 있음'을 강조하기도 합니다. 또한, 부모와 교사가 어떤 본보기를 보여야 하는지, 학생들의 마음을 어떻게 이해해야 하는지, 교육이 단지 말로 끝나는 것이 아니라 삶으로 전해져야 한다는 점을 반복해서 강조합니다.

탈무드는 오래된 책이지만, 그 속에 담긴 교육의 지혜는 오늘날에도 여전히 새롭고 생명력 있습니다. 본서 『탈무드가 말하는 교육원리』 부모에게는 자녀를 어떻게 양육해야 할지에 대한 방향을, 교사에게는 어떻게 아이들과 함께 걸어가야 할지를, 교육을 고민하는 모든 이들에게는 다시 시작할 용기를 줄 수 있습니다.

지금의 교육은 많은 부분에서 길을 잃고 있습니다. 하지만 본서는 그 길을 다시 찾게 도와주는 안내서입니다. 교육은 단순히 공부를 잘하게 하는 것이 아니라, 사람이 사람답게 살아가는 법을 함께 배우는 것입니다.

본서를 통해 다시 한 번 교육의 본질을 되돌아보고, 자녀와 학생, 그리고 우리 자신을 바르게 세우는 교육의 길을 함께 찾아가기를 바랍니다. 『탈무드가 말하는 교육원리』가 많은 사람들에게 새로운 희망이 되고, 흔들리는 교육의 자리에 든든한 기둥이 되어 주기를 기도합니다.

변순복 Ph. D., Th. D.

강의자의 글

    교육은 단순히 지식을 전달하는 일이 아닙니다. 참된 교육은 다음 세대를 세우고, 한 사람의 삶을 온전하게 빚어가는 거룩한 사명입니다. 그러나 오늘날 우리는 교육의 겉모습은 남아 있지만, 그 중심이 무너진 시대를 살아가고 있습니다.

    지식은 넘쳐나지만 지혜는 메말라가고, 가르침은 많아졌지만 그 속에 생명은 점점 사라지고 있습니다. 이럴 때일수록 우리는 교육의 근본으로, 사람을 사람답게 세우는 뿌리 깊은 지혜로 돌아가야 합니다.

    본서 『탈무드가 말하는 교육원리』는 그러한 물음 앞에서 시작된 강의의 열매이며, 또한 신실한 헌신과 수고 속에 다듬어진 교육 원리를 가르치려는 책입니다.

    본서를 구성하고 편집한 변정숙 박사는 상담자와 목회자의 아내로서 사역과 가정을 병행하며, 실제 삶의 자리에서 끊임없이 배우고 가르치는 이 시대의 귀한 사역자입니다. 본서는 단순한 강의 요약이 아닌, 사역과 학문이 어우러진 교육적 묵상의 결과물로 독자들 앞에 놓이게 된 것은 저의 강의 원고를 재구성하고 편집한 변정숙 사모의 헌신의 결실이라 할 수 있습니다.

본서는 총 13장으로 구성되어 있으며, 탈무드가 전해주는 교육의 본질과 방법을 중심으로 오늘의 현실 속에서 실천할 수 있는 방향을 친절하고 깊이 있게 제시합니다. '교육의 기본원리'를 통해 자녀 교육의 출발점을 다시 정립하고, 유대인의 '신앙 교과서'를 통해 교육과 신앙의 일치를 배웁니다.

또한 '삶으로 가르치는 교사', '기도가 중심이 되는 교육', '학생의 인격을 존중하는 배움', '공동체와 함께하는 성장' 등 각 장은 이론을 넘어서 실천 가능한 원리로 독자에게 다가갑니다.

무엇보다 본서는, 탈무드라는 고대 유산을 단지 소개하는 데 그치지 않고, 오늘의 교육 현장에서 살아 움직이는 지혜로 풀어내고자 합니다. 가정에서 자녀를 양육하는 부모, 교실에서 학생을 돌보는 교사, 교회에서 다음 세대를 섬기는 사역자 모두에게 필요한 교육의 나침반이 될 것입니다.

탈무드는 "가르침은 삶으로 전해져야 한다"고 말합니다. 그 말처럼, 본서는 단지 말로 된 교육이 아니라, 살아 있는 교육, 삶으로 증명되는 교육을 지향합니다. 그것은 바로 오늘의 교육이 가장 절실히 회복해야 할 방향입니다. 본서는 교육이 사람을 세우고, 사람을 살리며, 사람을 하나님께로 이끄는 일이라는 사실을 조용하지만 깊이 있게 일깨워 줍니다.

강의자로서, 저는 본서가 많은 이들에게 위로와 용기를 주고, 교육의 본질을 다시 회복하게 하며, 무엇보다 하나님께서 원하시는 '거룩한 가르침'의 길로 우리를 이끌어 주기를 소망합니다.

본서를 정리하며 수고한 변정숙 사모님 위에 하나님의 지혜와 은혜가 항상 함께하기를 축복합니다.

강의자
변순복 Ph. D., Th. D.

감사의 글

『탈무드가 말하는 교육원리』를 세상에 내놓으며

한 권의 책이 세상에 나오는 길은 결코 혼자의 걸음으로 이루어지지 않습니다. 본서 『탈무드가 말하는 교육원리』도 마찬가지입니다. 한 편의 강의에서 시작된 배움의 여정이 수많은 손길의 격려와 기도, 조용한 헌신 위에 차곡차곡 쌓여 마침내 한 권의 책으로 결실을 맺게 되었습니다. 그 모든 분들의 마음을 이 지면에 담아 진심 어린 감사의 마음을 전하고자 합니다.

무엇보다 먼저, 이 책의 근간이 되는 강의를 인내와 열정으로 이끌어 주신 변순복 교수님께 깊은 존경과 감사를 드립니다. 교수님의 강의는 단지 지식을 전달하는 데 머무르지 않고, 탈무드에 담긴 삶의 지혜와 교육의 본질을 시대의 언어로 풀어내는 귀한 시간이었습니다.

매 강의 시간마다 흘러나오던 교수님의 말씀은 저에게 하나의 강의가 아닌 하나의 사색이었고, 한 줄 한 줄 정리하며 다시 배우는 은혜의 시간이었습니다. 그 말씀을 곱씹고 글로 옮기는 모든 과정이 제게는 축복이었습니다.

또한, 책이 완성되기까지 보이지 않는 곳에서 끊임없이 기도해 주시고 진심 어린 격려로 힘이 되어 주신 에쯔하임 채플 성도님들과 고현규목사님과 황복란 사모님께도 깊은 감사를 드립니다.

아울러, 부족한 글이 보다 매끄럽고 단단한 문장으로 다듬어질 수 있도록 애써 주신 교정과 교열에 참여해 주신 김경수 장로님, 최유진 장로님, 김현진 전도사님, 이정화 선교사님 그리고 황지현 선생님께도 깊이 감사드립니다. 세심한 눈과 따뜻한 손길로 원고를 정성껏 다듬어 주신 덕분에 독자들이 더욱 편안하게 이 책을 접할 수 있게 되었습니다.

그리고 디자인을 맡아 수고해주신 하연 디자인 노연아 권사님과 출판을 맡아 주신 도서출판 하임 김정희 선교사님께 감사드립니다. 기도하며 아름답게 옷입혀 주신 덕분에 귀한 책이 세상에서 빛을 보게되었습니다.

『탈무드가 말하는 교육원리』는 유대교 교육의 지혜가 담긴 탈무드의 가르침을 중심으로, 오늘날의 가정과 학교, 교회와 사회가 회복해야 할 교육의 방향을 제시하려는 책입니다. 히누흐(교육)의 정신에서 자녀 교육의 출발점을 되새기고, 유대인의 신앙 교과서와 학습 태도를 통해 교육과 신앙의 만남을 모색합니다.

기도하는 교사, 본을 보이는 부모, 공동체가 함께 세우는 배움의 장을 통해, 이 책은 교육이란 단순한 지식 전달이 아니라 삶과 인격을 빚는 여정임을 말하고 있습니다.

책을 읽으며 많은 분들이 '가르침이란 무엇인가'를 다시 생각하고, 각자의 자리에서 다시 교육의 본질을 회복할 수 있기를 간절히 바랍니다. 또한 이 책이, 지금도 가르치고 배우는 자리에서 고민하고 씨름하는 모든 이들에게 작은 빛이 되기를, 그리고 그 빛이 다음 세대를 밝히는 길로 이어지기를 소망합니다.

　이 모든 여정에 함께하신 하나님의 인도하심에 가장 먼저 감사드리며, 나의 또 다른 기쁨이 되는 아들 보안, 며느리 래진, 손자 요셉이게도 지면을 빌어 감사를 전합니다. 그리고 지금 이 책을 손에 들고 있는 독자 한 분 한 분에게도 진심을 담아 고개 숙여 감사의 마음을 전합니다.

구성 · 편집자
변정숙 Ph.D., Th.D.

Educational Principles

제1장

성공적인 차세대 유대인 히누흐(חנוך, 교육)의 원리

제1장
성공적인 차세대 유대인 히누흐(, 교육)의 원리

조화로운 가정

탈무드는 자녀 교육이 단순히 부모의 가르침에서 비롯되는 것이 아니라, 부모의 행위와 가정의 분위기에서 자연스럽게 흘러나온다고 가르칩니다. 탈무드 버라호트 17a는 "아내는 남편의 영광이다"라고 말하며, 가정 내에서 부모의 관계와 조화가 가정의 영적, 도덕적 기초를 이루는 데 필수적임을 강조합니다. 가정은 차세대의 가치관과 신앙의 뿌리를 형성하는 배경이므로, 조화롭고 안정된 환경은 균형 잡힌 자녀를 양육하기 위한 필수 조건입니다.

성경에서도 조화로운 가정을 강조합니다. 예를 들어 시편 127:1절은 "여호와께서 집을 세우지 아니하시면 세우는 자의 수고가 헛되며"라고 말씀합니다. 이는 부모의 조화로운 관계와 신앙적 연합이 자녀 교육의 성공을 좌우하는 기초임을 보여줍니다.

조화로운 가정의 기초: 신앙적 연합

부모의 신앙적 연합은 조화로운 가정을 이루는 핵심입니다. 탈무드의 기둥

같은 말씀인 슐한 아루흐(Shulchan Aruch) 이븐 하에제르 1:1절에서는 "남편과 아내의 조화는 하나님의 임재를 초대한다"고 가르칩니다. 신앙의 일치를 이루는 부모는 자녀들에게 가장 강력한 영적 본보기를 제공하며, 자녀는 이를 통해 하나님을 경외하는 법을 배우게 됩니다.

성경에서도 부모의 신앙적 일치를 강조합니다. 신명기 6:6-7절에서 하나님께서는 부모들에게 "내가 오늘 네게 명령하는 이 말씀을 너는 마음에 새기고 네 자녀에게 부지런히 가르치라"고 명령하십니다. 이는 부모가 하나님의 말씀 안에서 하나 되어 자녀를 양육해야 함을 보여줍니다.

유아기의 가정 분위기의 영향

유아기의 가정 분위기가 중요한 이유는 유대교 문헌, 특히 탈무드와 미드라쉬(Midrash), 그리고 성경에서 반복적으로 다루는 주제입니다.

탈무드 소타 22a를 읽어 보면, 유아가 가정에서 부모의 행동과 말투를 어떻게 모방하는지를 강조합니다. 탈무드는 어린 아이들이 부모의 삶을 통해 자연스럽게 가르침을 받는다고 말합니다.

탈무드 키두쉰 30b를 보면, 부모는 자녀에게 율법을 가르치고, 이를 삶 속에서 보여줄 책임이 있다고 가르칩니다. 가정은 자녀가 태어나서 최초로 입학하는 학교입니다. 그러므로 아이들의 첫 번째 교육 장소가 바로 가정입니다. 따라서 아이들이 이 세상에 태어나서 최초로 만나는 선생님이 부모라는 사실을 기억하고 부모는 자녀를 바르게 양육하는 교사가 되어야 합니다.

"마땅히 행할 길을 아이에게 가르치라 그리하면 늙어도 그것을 떠나지 아니하리라"(잠 22:6).

이는 어린 시절에 형성된 가정 분위기가 평생에 걸쳐 자녀의 삶과 신앙에 영향을 미친다는 성경적 교훈입니다.

특별히 성경과 탈무드는 유아기가 신앙적, 정서적 성장을 위한 결정적인 시기임을 강조합니다. 유아는 부모의 말과 행동뿐 아니라, 가정의 전반적인 분위기와 태도를 통해 배우기 시작합니다.

예를 들어, 사무엘상 1:24-28절에서는 한나가 어린 사무엘을 성전에 데리고 가 하나님께 봉헌하며 신앙적 본을 보여주는 장면이 나옵니다. 이는 자녀의 유아기부터 부모가 신앙적 본을 보이는 것이 얼마나 중요한지를 보여줍니다.

부모의 역할과 조화로운 교육

미쉬나 아보트 1:14절에서 힐렐은 "내가 나를 위하지 않으면 누가 나를 위하리요?"라고 말하며, 부모가 먼저 자신을 바르게 세우는 것이 자녀 교육의 출발점임을 시사합니다. 부모는 자녀 교육에 있어서 서로 다른 역할을 수행하지만, 하나의 목표를 위해 협력해야 합니다.

하지만 이 길을 가르치는 과정에서 부모의 목소리가 일치하지 않는다면, 자녀는 혼란을 느끼고 신앙적 방향성을 잃게 될 가능성이 큽니다.
한 가정에 새로운 생명이 태어나 건강하게 성장하여 부모님의 말씀을 이해할 수 있는 나이가 되었습니다. 어느 날, 어머니께서 자녀가 스스로 신발을 정리하는 습관을 기르도록 훈련하고 계셨습니다. 그러나 아버지께서는 이러한 훈련이 꼭 필요한 것이 아니라고 생각하시며 어머니의 교육 방식을 지적하셨습니다.

아버지의 이러한 태도는 자녀가 스스로 자신을 책임지는 법을 배우도록 돕고자 하는 어머니의 노력을 약화시킬 뿐 아니라, 자녀의 교육환경을 더 어렵게 만들고 어머니의 권위를 떨어뜨리는 결과를 초래합니다.

이러한 상황이 자녀에게 즉각적으로 부정적인 영향을 미치지 않는 것처럼 보일 수 있습니다. 겉으로는 부모님 사이의 연합이 약간 부족한 정도로 보일 수도 있고, 큰 문제가 없어 보일 수도 있습니다. 그러나 시간이 지나 자녀가 성장하여 하나님을 향한 의무를 수행하거나 복을 선포하라는 어머니의 지시에 직면할 때, 자녀는 과거 부모님의 행동을 떠올리게 됩니다.

아이는 어머니의 지시를 중요하게 받아들이지 않을 가능성이 높습니다. 왜냐하면 아버지께서 어머니의 행위를 중요하게 여기지 않는 모습을 보며 자랐기 때문입니다. 부모님의 불일치가 자녀의 가치관 형성과 신앙적 태도에 장기적인 영향을 미칠 수 있음을 보여주는 사례입니다.

이러한 점에서 부모님의 연합과 조화는 자녀 교육과 신앙 훈련에 있어 필수적인 요소임을 다시 한번 생각하게 됩니다.

서로 다른 환경에서 성장한 사람이 만나 새롭게 이루는 가정

조화로운 가정이 차세대 교육의 기본적인 배경이자, 교육환경에서 가장 중요한 위치를 차지한다는 사실을 앞서 말씀드렸습니다. 서로 다른 환경과 배경에서 성장한 남녀가 만나 교제를 시작하고, 서로의 차이점을 극복할 수 있는 공동의 목표를 세울 때, 이들은 결혼을 통해 새로운 가정을 이루게 됩니다.

두 사람은 함께 같은 목표를 이루길 기대하며, 서로의 차이를 충분히 극복할 수 있다고 믿고 결혼 생활을 시작합니다. 하지만 때때로 예상과 달리 의견이 맞지 않거나 일이 순조롭게 풀리지 않는 경우가 생깁니다. 왜 이런 일이 발생할까요?

대부분의 경우, 결혼 전에는 같은 목표를 세우면 자연스럽게 서로의 차이를 극복할 수 있을 것이라 생각합니다. 하지만 결혼 후에는 목표를 이루기 위해 자신의 의견을 양보하거나 포기해야 하는 상황이 자주 생깁니다. 그러나 목표를 이루려면 무조건 같은 생각을 가져야 한다기보다, 서로의 차이를 인정하고 조율하는 것이 더 효과적이라는 점을 점점 깨닫게 됩니다.

그러나 자녀가 태어나면 상황이 달라집니다. 자녀 교육은 부부가 자연스럽게 한 방향으로 나아가도록 만드는 가장 강한 이유가 됩니다. 부모는 자녀가 바르게 성장하도록 돕기 위해 반드시 같은 입장을 유지해야 하며, 이러한 일관된 태도를 지속적으로 유지하는 것이 중요합니다.

하지만 시간이 지나면서 부모의 생각이나 교육 방식에 차이가 생길 수도 있습니다. 만약 부모의 목소리가 서로 달라지기 시작하면, 자녀 교육의 방향이

흔들리고 혼란을 초래할 가능성이 큽니다. 따라서 부부가 지속적으로 같은 입장을 유지하며 일관된 메시지를 자녀에게 전달해야 합니다. 그래야만 자녀에게 안정된 교육 환경을 제공할 수 있고 이는 곧 자녀의 바람직한 성장을 위한 튼튼한 기초를 세우는 것입니다.

Educational Principles

제 2 장

성공적인 유대인 히누흐(חנוך, 교육)

제2장

성공적인 유대인 히누흐(, 교육)

유대인 히누흐(, 교육)의 목적

유대인 히누흐(교육)의 목표 중 가정에서 이루어지는 가장 기본적인 목적은 자녀가 태어났을 때, 하나님께서 그 가정을 축복하셨다는 사실과, 그 자녀를 통해 하나님의 뜻을 이루시기를 원하신다는 소명을 깨닫는 데 있습니다. 다시 말해, 하나님께서는 자녀를 특정 가정에 맡기시며, 그 가정을 축복하시기 시작 하신다는 것입니다.

왜냐하면 하나님께서는 그 자녀를 통해 하나님의 일을 이루시기를 원하시 기 때문입니다. 따라서 하나님께서 세상에 있는 수많은 가정 중에서 그 가정을 선택하여 자녀를 보내셨다는 사실을 부모가 깨닫는 것이 히누흐(교육)의 가장 기본적인 목적입니다.

세상에 존재하는 모든 가정에 태어난 자녀는 하나님께서 그 가정에 보내신 특별한 선물입니다. 부모가 이러한 사실을 깨닫는 순간, 바른 교육을 위한 환 경이 조성된 것입니다. 이러한 깨달음이 바로 유대인 가정의 축복이자 소망이라고 유대인 교사들은 가르칩니다.

하나님께서는 부모가 자녀를 세상에서 바르게 성장시키기 위해 필요한 많은 요소들을 아시며, 이를 준비하도록 돕고 계십니다. 그래서 남녀가 결혼하여 부부가 되면, 자녀를 선물로 받을 준비를 하며 기도합니다. 그때 하나님께서는 그 가정을 축복하시고, 자녀를 교육할 수 있는 환경을 마련해 주십니다.

이렇게 기도로 준비된 하나님의 가정에 자녀가 선물로 주어지며, 부모는 자녀를 하나님 앞에 바르게 세우기 위해 지속적으로 기도하게 됩니다. 이러한 기도는 부모에게 자녀를 양육할 지혜와 능력, 그리고 경제적 필요를 채우는 축복으로 이어집니다.

하지만 랍비들의 가르침을 보면 중요한 사실을 배울 수 있습니다. 한 가정에 자녀가 태어났을 때, 부모가 자신의 욕망을 채우거나 대리 만족을 위해 자녀를 교육한다면, 하나님께서는 그 자녀에게 관심을 두지 않으신다고 가르칩니다. 또한, 부모가 자녀의 세상적인 성공만을 교육의 목적으로 삼는다면, 하나님께서는 그 자녀에게 관심을 두지 않으신다고 랍비들은 강조합니다.

유대인 교사들이 가르치는 가정교육의 첫 번째 목표는 바로 '자녀를 하나님의 증인으로 세우는 것'입니다. 또한, '자녀가 유대인으로서 살아가며 지속적으로 토라를 공부하는 사람으로 성장하도록 돕는 것'이 가장 중요한 목적이라고 말합니다. 이러한 가정에서 자란 자녀는 하나님의 뜻을 이루며, 하나님께서 예비하신 동반자를 만나 신앙의 가정을 이루고, 신앙의 대를 이어가게 됩니다.

결국, 유대인 히누흐(교육)는 단순히 지식을 가르치는 것을 넘어, 자녀가 하나님과의 관계 속에서 그의 삶의 목적을 발견하고, 이를 이루도록 돕는 데 그 핵심이 있습니다.

히누흐(חנוך, 교육)의 성공

유대인 교사들은 히누흐(교육)의 성공에 대해 2세들에게 격언과 같은 교훈을 자주 들려줍니다.

"히누흐(교육)의 성공 비밀은 자신이 완벽하게 성공했다고 느끼는 자에게는 결코 알려지지 않는다."

유대인 교사들은 왜 이런 사람들이 성공의 비밀을 알지 못하는지, 다음과 같은 이유를 통해 설명합니다.

1) 그러한 부모는 자녀가 품고 있는 생각을 꿰뚫어보거나, 자녀가 직면한 문제의 진정한 상황을 정확히 파악할 수 없기 때문입니다.

2) 자녀가 성장하면서 변화하는 매 순간의 현실적인 상황은 새로운 도전을 몰고 옵니다. 자녀들이 인격적으로 성숙해지고 독립하려는 욕구가 강해질 때, 부모는 이를 잘 인지하지 못합니다. 이는 부모가 자신이 성장하던 시대와 현재의 시대가 다르다는 점을 이해하지 못하기 때문입니다. 하지만 부모는 자신이 완벽하다고 생각합니다.

3) 자녀들은 유아기와 소년기 동안 부모의 인도함을 받아 다양한 상황을 대처할 수 있습니다. 그러나 자녀들이 청소년기에 접어들면 전혀 새로운 경험과 욕망에 직면하게 됩니다. 부모는 이를 인식하지 못하고, 이전처럼 자녀가 부

모의 인도를 따라 잘 대처할 것이라 생각합니다. 이는 부모가 지금까지 자녀를 잘 도와주었다는 자신감에서 비롯된 것이지만, 실제로는 그렇지 않을 수 있습니다.

4) 부모는 자녀의 친구를 반드시 알아두어야 합니다. 나쁜 친구는 자녀에게 좋지 않은 영향을 미칠 수 있습니다. 하지만 부모는 가정에서의 교육만 잘하면 된다고 생각하기 쉽습니다. 그러나 자녀는 친구로부터 더 큰 영향을 받을 수 있습니다.

5) 현대 사회는 다양한 방식으로 자녀들을 유혹하고 노출시키고 있습니다. 자녀들은 자신이 접하는 읽을거리, 볼거리, 들을거리로 인해 영향을 받으며, 나쁜 유혹에 빠질 가능성이 있습니다. 하지만 부모는 자신의 자녀는 그러지 않을 것이라고 믿곤 합니다. 이는 부모가 현대 사회의 위험성을 충분히 이해하지 못하기 때문입니다.

자녀를 이해하는 부모

부모가 자녀를 완전히 이해하는 것은 쉽지 않습니다. 특히 아버지가 자녀에 대해 깊이 있는 이해를 갖기란 더욱 어렵습니다. 그 이유는 아버지와 자녀가 함께 시간을 보내는 것이 제한적이기 때문입니다. 자녀는 많은 시간을 학교에서 친구들과 보내며, 아버지는 직장, 사업, 또는 과중한 업무와 토라 공부로 인해 자녀와의 시간을 충분히 가지지 못합니다.

또한, 자녀들은 자신의 성품을 아버지에게 잘 드러내지 않는 경우가 많습니다. 어떤 자녀는 본래 소극적이거나, 의도적으로 자신의 진짜 성품을 감추기도

합니다.

따라서 부모는 히누흐(교육)에 대해 지속적으로 관심을 가지며, 자녀들이 좋은 방향으로 나아갈 수 있도록 인도해야 합니다. 특히 자녀들이 나쁜 친구나 바깥세상의 부정적인 영향을 받지 않도록 최선을 다해 좋은 환경을 만들어야 합니다. 무엇보다 자녀들이 토라를 배우려는 열정을 가질 수 있도록, 토라 연구의 즐거움을 가르쳐야 합니다.

랍비 여호수아의 어머니는 자신의 마을에 있는 토라학교를 자주 찾아가 상담 선생님에게 부탁했다고 합니다. "저의 자녀가 토라 공부에 전념할 수 있도록 도와주세요." 그녀는 자녀들이 어떻게 하면 성경 공부를 즐겁게 여길 수 있을지를 늘 고민했습니다.

이처럼 자녀가 토라를 사랑하고 공부에 기쁨을 느끼게 하는 것은 부모의 헌신과 노력이 필요하며, 히누흐(교육)의 성공을 위한 중요한 요소임을 보여줍니다.

쉴로(Shlo)의 가르침과 자녀를 위한 기도

"부모가 먼저 하나님께 카바나(כַּוָּנָה, 집중)해야 합니다. 특별히 하나님께서 허락하신 복을 세어 보면서, 그리고 받을 복을 헤아리면서."

랍비 이쯔하크 함부르거의 전기에 따르면, 그는 자신의 후손들이 토라 학자가 되도록 하기 위해 무려 400번의 금식을 하였다고 전해집니다. 놀랍게도 그의 기도는 응답받았으며, 실제로 그의 후손들 가운데 많은 저명한 랍비들이 배출되었습니다.

자녀의 성공과 신앙적 성장을 위해 부모가 하나님께 드리는 기도의 중요성은 이와 같은 사례에서도 알 수 있습니다.

다음 면에서는 자녀의 성공을 위해 드리는 기도문 한 편을 소개합니다. 이 기도문은 자녀가 하나님 안에서 바르게 성장하고, 하나님께서 주신 축복을 누리며, 신앙과 학문에 있어 성취를 이루도록 부모가 간절히 기도할 수 있도록 돕는 내용으로 구성되어 있습니다.

기도문

리보노 쉘 올람(רִיבּוֹנוֹ שֶׁל עוֹלָם, 세상의 주님)!

우리에게 좋은 자녀를 허락하시고, 우리 자녀들이 토라로 빛날 수 있도록 해 주시며, 신체적으로나 영적으로 건강하고, 영리하며, 훌륭한 미도트(מִדּוֹת, 인격과 성품)를 갖추고 토라를 사랑하도록 허락해 주옵소서.

부디, 간절히 기도드립니다. 그들에게 긴 삶과 좋은 삶을 허락하시고, 그들의 삶을 당신의 거룩한 토라 연구에 헌신할 수 있게 해주시며, 지혜롭고 이르아트 샤마임(יִרְאַת שָׁמַיִם, 하늘을 경외함)으로 가득 차게 하시며, 당신과 주변 사람들에게 사랑받는 존재가 되게 해주십시오. 그들을 악한 눈(질투)과 모든 종류의 벌, 그리고 예쩨르 하라(יֵצֶר הָרַע, 악한 본성)의 영향권 아래에서 구원하시고, 그 대신 선한 성향으로 축복해 주옵소서.

당신의 위대한 자비로 저와 제 아내/남편에게 긴 생명을 허락하시고, (서로의) 사랑과 평화, 모든 좋은 것들과 나하트(נַחַת, 자녀의 행복과 성공에서 오는 기쁨)로 가득 채워 주옵소서. 우리 자녀 하나하나를 토라, 후파(חוּפָּה, 결혼식)와 선행으로 인도할 수 있게 허락해 주옵소서.

자비로우신 하나님, 우리 자녀들이 각자의 배우자를 적절한 시기에 만나게 하시고, 아직 젊을 때에 이루어지게 해주십시오. 우리가 약속한 지참금을 벌리 네데르(בְּלִי נֶדֶר, 서약 없이) 관대하게 제공할 수 있도록 축복하시고, 그 약속을 이행할 수 있도록 해 주옵소서.

우리가 그들이 나하트(נַחַת, 자녀의 행복과 성공에서 오는 기쁨)와 기쁨 가운데 결혼하는 것을 볼 수 있는 은혜를 허락하시고, 그들이 짜디킴(צַדִּיקִים, 의인)이 되어 이스라엘 공동체의 복지를 위해 기여하는 자녀를 낳는 은혜를 허락해 주옵소서.

우리 가족과 우리 후손 중 누구도 결코 당신의 거룩한 이름을 더럽히지 않게 해 주옵소서, 하쓰 버샬롬(חַס וְשָׁלוֹם, 그런 일이 없기를 바랍니다).

부디, 우리의 모든 간구를 건강과 성공 가운데 이루어 주시옵소서. 당신의 위대한 이름과 토라의 영광이 우리 자녀와 후손들을 통해 영원히 드러나기를 바랍니다. 아멘! 이것이 당신의 뜻이 되기를 바랍니다.

이 기도문은 자주, 특히 코텔(כּוֹתֶל, 성전 서쪽 벽)에서 드리는 것을 권장합니다.

Educational Principles

제3장

유대인들이 2세 신앙교육에 사용하는 교과서

제3장
유대인들이 2세 신앙교육에 사용하는 교과서

    교육을 하려면 교육의 대상, 교과서 그리고 가르치는 사람이 있어야 합니다. 그렇다면 유대인들이 2세를 교육하는 데 사용하는 교과서는 어떤 책일까요? 그들의 신앙교육 교과서를 알아보기 전에 "유대인들이 무엇을 믿는가?"를 아는 것이 중요합니다.

    만약 유대인을 만나는 사람들이 유대인들에게 무엇을 믿느냐고 질문한다면 어떠한 대답이 나올 것이라고 생각합니까?

유대인들은 무엇을 믿습니까?

    "유대인들은 무엇을 믿을까요?"라는 질문에 비유대인들은 아마도 "유대인들은 유일하신 하나님을 믿는다"라고 대답할 것이라고 생각할 것입니다.

    만약 진실한 기독교인에게 똑 같은 질문을 한다면 어떻게 대답할까요? 기독교인은 대답할 것입니다. "우리는 삼위일체 유일신 하나님을 믿는데 유대인들은 성부 하나님 만을 유일신으로 믿는 사람들이다."

그러면 유대인들의 대답은 어떨까요? 유대인들은 말하기를, "우리는 유대교와 유대교 교육을 믿는다"라고 할 것입니다.

많은 사람들이 기대했던 대답과는 완전히 다른 동문서답과 같은 대답을 듣게 될 것입니다. 그러면 왜 그들은 이러한 대답을 하는지 생각해보아야 합니다. 그것을 알기 위해서 먼저 유대교를 아는 것이 필요합니다.

유대인 교육을 알기 위하여서는 반드시 유대교를 먼저 알아야 하며 유대교 교육이 무엇인지 알아야 합니다. 단순한 유대인 교육이란 아무런 의미가 없습니다. 왜냐하면 유대인 교육은 일반 교육이 아니라, 하나님과 관계된 교육이기 때문입니다. 하나님 없는 유대인 교육은 아무런 의미가 없으며 연구할 만한 가치도 크지 않다고 봅니다.

교육에 관심이 있는 많은 사람들이 유대인 교육과 관련된 수많은 서적을 읽고 있습니다. 그런데 세상에 나와 있는 유대인 교육은 하나님이 없는 유대인 교육을 말하며 그들의 가정이나 학교에서 나타나는 단편적인 것을 말할 뿐 진정한 그들의 교육의 원리가 무엇인지, 교육 철학이 무엇인지, 교육의 핵심이 무엇인지는 말하지 않는 것을 보면서 독자들은 안타까운 심정을 가질 것입니다. 그러므로 '유대인 교육'이라는 제목의 많은 서적을 읽고 적용하려면 어렵기 한이 없습니다.

그러므로 유대인 교육을 이해하려면 먼저 유대교를 이해하는 것이 우선되어야 합니다. 그러므로 우리는 먼저 유대교에 관하여 간략히 알아보겠습니다.

유대교의 중심은 무엇인가요?

유대교는 종교라기보다 유대인의 삶 그 자체라는 말이 맞을 것입니다. 다시 말해서 유대인은 삶이 종교이며 종교가 곧 삶입니다. 그러므로 유대인의 삶의 중심은 유대교인 것입니다. 그렇다면 유대교의 중심은 무엇입니까?

유대교의 기초석은 성경이며 기둥은 탈무드입니다. 이를 식물로 표현하면 성경은 뿌리이며 줄기는 탈무드입니다. 그러므로 유대교를 지탱하는 성경과 탈무드를 모르면 유대교를 알 수 없으면 유대교 교육 또한 알 수 없습니다.

성경과 탈무드가 가르치는 유대인의 삶의 자리의 중심에 있는 유대교의 중심은 첫째 하나님 중심, 둘째 회당 중심, 셋째 랍비 중심으로 살아가는 삶입니다.

기독교와 비교하여 보면 기독교는 하나님 중심, 교회 중심 그리고 말씀 중심으로 살아간다고 할 때 한 가지가 다르다는 것을 알 수 있습니다. 유대교는 랍비 중심이지만 기독교는 목사 중심이 아니라는 차이점을 발견할 수 있습니다.

유대교에서 '하나님 중심'이라는 말은, 하나님의 말씀을 인간이 이해할 수 있는 언어로 기록한 성경이 중심이라는 말입니다. 그러므로 그들의 삶 가운데 가장 핵심을 이루는 원리이며, 근본이며, 기초가 되며, 길을 제시하며, 그 길을 인도하는 나침판은 바로 오직 성경입니다. 다시 말해서 성경은 하나님의 길이므로 유대교는 하나님의 길인 성경이 삶의 중심이 되는 것입니다. 그러므로 성경은 유대인들이 걸어가는 길에 빛을 비추이며, 그들의 발에 등불이 되어 삶을 인도하는 안내자입니다. 유대교인들은 하나님을 그들의 가장 앞자리에 모시고 그 하나님을 따르는 삶을 살려고 노력합니다.

다음으로는 '회당 중심'이라는 말을 생각해 보십시다. 이스라엘 백성이 모세의 인도 아래 출애굽하여 나온 후 광야에서 하나님의 인도함을 받아 시내산에서 하나님과 언약을 맺은 후 성막을 건설합니다. 하나님은 성막 안에 거하시며 이스라엘 백성과 함께 거하시는 것을 보여주었습니다. 이스라엘 백성이 광야를 여행할 때 성막을 중심으로 하여 모든 지파가 성막 주위에 서서 행진을 하였으며 진을 칠 때도 성막을 중심으로 각 지파들이 진을 친 것을 볼 수 있습니다.

마찬가지로 현대 유대인들은 회당을 성막과 같이 생각하며 회당을 중심으로 2천 규빗(약 9백 미터) 이내에 자신의 장막을 가지는 것을 볼 수 있습니다. 일반인들은 집을 살 때 무엇을 기준으로 평가하며 장만합니까? 어느 지역이 투자가치가 있는지, 어느 지역이 8학군이며 교육 특구인지, 어느 지역이 문화생활을 할 수 있는 최고의 환경인지를 기준으로 삼지는 않습니까?

그러나 유대인들이 집을 살 때 가장 먼저 생각하는 것은 회당에 걸어갈 수 있는가 하는 것입니다. 아침에 출근할 때 회당에 들리며 퇴근할 때 회당에 들러서 올 수 있는가, 언제나 기도하고 싶을 때나 회당에 가고 싶을 때 달려갈 수 있는 거리에 회당이 있는가를 고려합니다. 다시 말해서 회당이 삶의 중심이 되어 있는 것입니다.

강의자가 랍비학교에 다닐 때 우리 기독교인도 교회 중심으로 산다는 이야기를 한 적이 있었습니다. 그때 아주 자연스럽게 한 랍비가 말하였습니다.
"그것은 말 뿐이다. 왜냐하면 한국의 기독교인들은 교회를 건축한다하면 교회를 떠나 다른 교회로 옮겨가는데 그것이 교회 중심의 삶이냐?"

그러면서 유대인들은 회당을 건축할 때 광고를 하면 모든 사람들이 헌금하여 성막을 건축할 때와 마찬가지로 이제 그만 가지고 오라고 광고하여야 한다고 말하는 것이었습니다.

또한 강의자가 다니던 랍비학교가 지진으로 인하여 건물이 약간 부서지고 천장이 조금 떨어져 나간 일이 있었습니다. 그때 모든 회당은 영적 지도자를 양육하는 학교가 지진으로 인하여 약간 부서졌으니 3주 후에 헌금을 할 것이라고 광고하였습니다. 3주가 지난 후 모든 회당은 헌금을 하여 모아가지고 학교 당국에 가지고 왔습니다. 그 금액은 학교를 헐어내어 다시 건축하고도 남을 금액이었습니다. 놀라운 일이라 생각합니다.

마지막으로 유대교는 '랍비 중심'입니다. 랍비 중심이라는 말은 무슨 뜻입니까? 유대교는 하나님 중심으로 하나님의 임재를 느끼며 하나님을 예배하는 장소가 회당이므로 회당 중심으로 살아갑니다. 그러므로 회당은 하나님의 백성들이 모이는 곳이며 하나님의 뜻을 찾는 장소이며 하나님을 만나는 곳이며 찬양과 경배를 드리는 예배처소로서 영적인 기관입니다.

이러한 영적인 기관에서 하나님의 말씀을 가르치는 사람이 누구입니까? 바로 랍비입니다. 그러므로 모든 일은 영적인 지도자인 랍비와 의논을 하게 됩니다. 큰일이나 작은 일이나 무슨 일이든지 랍비와 상의하여 결정을 하게 됩니다. 왜냐하면 랍비들은 영적인 지도자로 하나님께서 세우신 사람으로 하나님의 일을 맡은 사람이기 때문입니다.

한 아버지가 아들을 데리고 회당에 랍비를 찾아와 말합니다.
"랍비여 제 아들이 성경 읽은 것이나 기도하는 것이나 공부하는 것을 볼 수가 없습니다. 어떻게 하면 되겠습니까?"

어떤 상인이 랍비를 찾아와 말합니다.
"개업을 하려고 하는데 언제 하면 오셔서 기도해 주실 수 있습니까?"

어떤 젊은 남녀가 랍비를 찾아와 말합니다.
"결혼식을 하려는데 언제 하면 되겠습니까?"

그러나 만일 기독교인들이 이러한 문제를 가지고 있다면 목사님을 찾아가 무엇이라고 말하겠습니까? "목사님 제가 몇 월 며칠에 개업을 합니다. 오셔서 기도해주십시오", "목사님 저희들이 몇 월 며칠에 결혼식을 하는데 주례를 맡아주세요", "목사님 제 아들이 문제아입니다. 기도하여 주십시오."

물론 좋은 대화임에는 틀림없습니다. 그러나 중심이 누구에게 있는 것입니까? 그렇다면 기독교인들에게 목사 중심으로 살아야한다고 가르치면 어떤 반응이 나올까요?

그러면 유대인들은 이러한 유대교를 가르치기 위하여 그들이 사용하는 교과서는 무엇인지 알아보십시다.

유대교 교육에 사용하는 교과서 1 – 성경

유대인들이 2세들에 유대교를 가르치는데 사용하는 첫 번째 교과서는 성경입니다. 왜 그렇습니까? 유대교의 중심은 하나님 중심입니다. 하나님 중심이라는 말은 하나님의 말씀을 기록한 성경 중심이기 때문입니다.

유대교인들에게 성경은 삶의 기초석이요 나침판입니다. 그러므로 첫 번째 교과서는 당연히 성경일 수밖에 없습니다.

유대교에서 성경이라고 말할 때 그 말의 의미는 무엇이며 범위는 어디까지일까요? 초기 유대교에서 사용하는 성경이라는 말은 '그 책들'이었습니다. 이 말은 그 당시에 있었던 다른 책들과 구별하기 위하여 구별된 책이라는 의미로 사용하던 용어입니다. 이 용어가 헬라어로 그리고 라틴어로 영어로 한글로 번역되어 성경이라는 말로 전해지게 되었습니다. 그러므로 한글로 성경이라는 말은 구별된 경전 또는 구별된 책이라는 말입니다.

그러면 유대인들은 언제 그들 자신의 성경을 처음으로 가지게 되는지 아십니까? 유대인 젊은 남녀가 결혼하여 가정을 이룬 한 유대인 가정을 살펴보면 유대교인들은 언제 자신의 성경을 처음 가지게 되는지 알 수 있습니다.

결혼식을 하고 신혼여행을 다녀와서 몇 달이 지났습니다. 직장에 있는 남편에게 사랑하는 부인으로부터 전화가 옵니다.

"여보, 오늘 병원에 갔었는데 임신이래요."

그날 남편은 퇴근을 할 때 서점에 들러서 성경을 삽니다. 사랑하는 아내의 태중에 있는 아이를 위한 성경입니다. 집에 돌아와 성경책 첫 장을 열고 날짜를 쓰고 어머니는 그때부터 그 성경을 읽기 시작합니다. 태중에 임신되었다 는 것이 확인되는 그날 성경을 가지게 되는 것입니다.

유대교 교육에 사용하는 교과서 2 - 탈무드

성경을 가르치고 난 다음 유대교인들이 사용하는 교과서는 탈무드입니다. 탈무드는 크게 두 부분으로 나눕니다. 첫째 부분은 본문의 부분이고, 둘째 부분은 그 본문을 주제로 하여 랍비들이 토론하며 해석하며 설명하는 부분입니다. 첫째 부분을 '미쉬나'라고 부르며 두 번째 부분을 '게마라'라고 부릅니다. 탈무드의 모든 페이지는 미쉬나와 게마라로 이루어집니다.

그러므로 탈무드는 미쉬나로부터 온 것이며 미쉬나는 랍비들이 구전으로 가르쳐 오던 것을 기록하여 묶어 편집한 것입니다. 유대인들이 하나님의 말씀인 성경을 배워 하나님을 알고 하나님을 닮아 하나님을 보여주려는 몸부림침의 결과물이 미쉬나입니다.

그러므로 미쉬나는 성경으로 부터 온 것이며 이 미쉬나를 본문으로 삼아 다시 확대하여 해석하고 토론하며 설명하는 작업을 기록한 것이 게마라입니다. 그러므로 탈무드는 유대인의 삶의 기초이며 법이며 지혜이며 기둥입니다.

다시 말해서 유대인들은 모든 삶의 근거를 성경에 두고 있기 때문에 성경이 가라 하면 가고, 성경이 서라 하면 서는 것입니다. 그리고 그들은 성경을 해석하다가 해석이 되지 않으면 따지지 않고 그대로 외워버립니다. 왜냐하면 억지로 풀다가 잘못 이해하여 잘못 적용할 수 있기 때문입니다.

이처럼 유대교인들이 2세들에게 가르치는 신앙교육의 교과서는 성경과 탈무드입니다. 성경과 탈무드를 2세들에게 바르게 가르쳐 하나님의 중심, 회당 중심 그리고 랍비 중심의 삶을 사는 100% 유대교인으로 그리고 100% 세계인으로 세우기 위하여 노력합니다.

Educational Principles

제 4 장
자녀가 만나는 최초의 교육기관 '가정'

제4장
자녀가 만나는 최초의 교육기관 '가정'

유대인 가정과 유대교 가정

어떤 가정을 유대인 가정이라 부를까요? 어떤 가정을 유대교 가정이라고 부를까요? 유대인 가정과 유대교인 가정은 완전히 다릅니다. 유대인끼리 결혼하면 유대인 가정입니다. 적어도 외관상 보기에는 틀림없이 유대인 가정입니다. 그러나 그들이 하나님을 믿지 않으면 유대교 가정은 아닙니다. 이 말은 표면상 유대인이라고 해서 유대교인은 아니라는 것입니다.

한국인이 미국으로 이민을 갔습니다. 그 가정에서 자녀가 태어났습니다. 표면상으로는 분명히 한국인입니다. 그러나 그는 외국 여행을 할 때 미국 여권을 가지고 다닙니다. 분명 미국 국적자입니다. 그들은 자신의 모국어로 영어를 사용하고 밥과 김치보다는 햄버거와 스테이크를 좋아하는 것이 사실입니다.

그런데 그들이 다른 나라를 여행할 때 다른 나라 사람들은 그를 어느 나라 사람으로 볼까요? 분명 한국인이라고 생각하며 서울에서 왔느냐고 물을 것입니다. 한국인 2세들이 대학에 들어갈 때까지는 자신이 미국인인 줄 알고 있을 수도 있습니다. 그러나 그들은 자라나면서 국적은 미국이라도 한국인이라는 정체성을 가지게 되고 한국인으로 돌아올 수밖에 없는 것입니다.

마찬가지로 유대인과 유대교인은 완전히 다른 것입니다. 유대인끼리 결혼을 하면 혈통적으로 유대인 자녀가 태어나며 유대인 가정이 이루어집니다. 그러나 유대교 가정과는 다릅니다. 유대교 가정은 하나님을 중심으로 이루어진 가정이며 모든 식구가 하나님을 믿는 가정입니다. 가족 구성원 모두가 유대인이라도 하나님을 믿지 않는 사람이 한 사람이라도 있으면 그 가정은 유대교 가정이 아닙니다.

그러나 유대인이 아니라도 모든 식구가 유대교로 개종하여 유대교를 믿으면 그 가정은 유대교 가정입니다. 그런 가정에 속한 사람을 종교적 유대인이라 부릅니다. 그러므로 유대인이라 부를 때 혈통적 유대인이냐, 정치적 유대인이냐, 종교적 유대인이냐로 나누게 되는 것입니다.

우리는 지금 유대인 교육이 아니라 유대교 교육을 말하고 있기 때문에 종교적 유대교 가정을 중심으로 한 교육을 말하고 있다는 것을 기억하시기 바랍니다.

유대교는 유대교 가정을 다음과 같이 정의합니다.
첫째, 모든 식구가 하나님을 믿어야 합니다.
둘째, 모든 식구가 성경을 매일 읽어야 합니다.
셋째, 모든 식구가 매일 기도해야 합니다.

이 세가지 요건 가운데 한 가지라도 빠지면 유대교 가정이 아니라고 합니다. 그러므로 유대인이 세상에 태어나서 최초로 입학하는 학교가 가정입니다.

그러면 유대교인이 만나는 최초의 선생님은 누구일까요?

유대인 자녀가 만나는 최초의 선생님

　유대인의 교육을 말할 때도 유대인 교육과 유대교 교육을 구별해야 합니다. 유대인 교육은 특별한 것이 없으며 유대교 교육은 그들만을 위한 특별한 교육을 하기 때문입니다.

　자녀가 태어나 특별한 교육을 받는 최초의 교육 기관이 가정이며 자녀가 만나는 최초의 선생님은 부모입니다. 그러므로 유대교 가정에서 태어나 유대교 교육을 받았느냐 아니냐에 따라 유대인이라도 표면적 유대인과 종교적 유대인으로 나뉘게 됩니다.

　유대교 가정에서 부모는 자녀들의 부모이기 이전에 훌륭한 선생님으로서 하나님 앞에서 하나님께서 자신에게 맡겨주신 의무를 다하기 위하여 노력합니다. 자녀에게 생명을 주었다고 부모가 아니라 자녀가 하나님 앞에서 바르게 자라며 하나님께서 그 자녀를 세상에 보내신 목적을 바르게 이루어 나가도록 인도하는 선생님으로서 의무를 다하는 부모가 참 부모라고 탈무드는 가르칩니다. 다시 말해서 태어나게 하였다고 부모가 아니라 바른 삶을 살아갈 수 있도록 일으켜 세우는 선생님이 부모라는 것입니다.

　사람이 세상에 태어나 어떤 선생님을 최초로 만나느냐에 따라 그 인생이 달라질 수 있습니다. 제가 미국에 있을 때 들은 이야기입니다. 미국으로 이민 오는 사람은 공항에 누가 마중을 나와서 처음 미국 생활을 인도하느냐에 따라 미국에서의 직업이 결정된다고 하는 이야기를 들었습니다. 어디에서든지 처음 만나는 사람이 아주 중요하다는 것입니다. 다시 말하면 처음 누구의 인도함을 받느냐에 따라 인생이 달라지는 것입니다.

유대교 가정

유대교 가정의 구성 요소를 살펴보면 단순한 가족 개념이 아니라 특별한 하나의 공동체로 보입니다. 따라서 유대교 역시 유대교 가정과 가정이 연결되어진 하나의 특별한 공동체인 큰 가정으로 보아야 합니다. 그러므로 많은 사람들이 유대교를 연구할 때 종교로 보기보다는 하나의 공동체로 보고 연구할 수밖에 없습니다.

유대교 가정이 똘똘 뭉쳐서 회당을 이루고 회당이 모여서 지역 유대교 공동체를 이루고 회당 공동체가 모여서 거대한 유대교 공동체를 이루게 되는데 이것은 큰 가정과 같은 것입니다. 그러므로 그들은 하나님을 아버지로 하여 랍비 중심으로 회당 중심으로 완전하게 하나가 될 수 있습니다. 따라서 앞에서 이미 우리가 연구한대로 하나님이 없는 가정은 유대교 가정이 아니라는 것입니다.

유대인들은 하나님을 철저하게 신뢰하고 신봉하지는 않을지라도 의식은 가지고 있을 수 있습니다. 정기적으로 회당에 출석은 하지 않을지라도 매 안식일마다 금요일 오후가 되면 촛불을 켜고, 안식일을 시작하면서 특별한 그릇에 특별한 음식을 담아 먹고 마시는 의식을 행하는 것을 볼 수 있습니다. 그런 사람들도 형식적으로는 철저하게 하나님을 인정하고 하나님을 중심의 자리에 위치시키고 살아가고 있다는 것을 알 수 있습니다.

유대인에게는 유대교가 가정의 중심입니다. 유대교는 유대인의 가정 구성 요소 중에서 가장 핵심적인 부분을 차지하고 있습니다. 그렇게 때문에 이 가정을 구성하는 부모와 자식이 있다고 하더라도 가정을 이루고 있는 집안 식구들이 모두 유대교를 믿지 않는다고 하면 그 가정은 유대교 가정이 될 수 없는 것입니다. 그러므로 유대교 가정이라 부르지 않습니다. 즉 가정을 구성하고 있는 요소인 구성원이 모두 유대교인이 아니면 그 가정은 사전적 의미에서 가정일지는 몰라도 유대교 가정은 아닙니다.

그러나 혈통적 유대인 가정은 다르게 볼 수 있습니다. 남자는 유대인이고 여자는 한국 사람이라고 할 경우 그 사이에서 태어나는 아이는 유대인이 아닙니다. 그러한 가정이 유대교 가정이 되려면 어머니가 먼저 유대교를 믿고 아이에게 유대교 교육을 하여 유대교 교인이 되면 그때 종교적 유대교 가정이 될 수 있습니다.

또한 어머니 아버지가 모두 유대인이면 그 사이에서 태어난 아이는 혈통적으로 유대인입니다. 그러나 그 가족 구성원이 유대교를 믿지 않으면 그 가정 또한 유대교 가정이 아니며 종교적 유대인은 아닙니다. 그러니까 유대인 가정에서 가장 중요한 부분을 차지하는 것은 유대교입니다.

그렇다면 우리 기독교 가정은 어떤가요? 한 번 깊이 들여다보며 곰곰이 생각해 볼 필요가 있다고 생각합니다.

유대교 가정이 자녀에게 가지는 하나님을 향한 첫 번째 의무

유대교 가정에서 "무엇을 어떻게 가르치느냐?" 하는 것은 매우 중요합니다. 유대교 가정에서 가르치는 것 가운데 가장 크고 중요한 것은 하나님의 말씀입니다.

한 가정에 자녀가 태어났습니다. 갓 태어난 아이는 말을 알아들을 수 없으며 말을 할 수도 없습니다. 그럴 때 그들은 아이가 말을 하고 알아들을 수 있을 때까지는 가정에서 부모가 행하는 유대교 전통을 보여주는 것을 통해 가르칩니다. 그러므로 아이는 먼저 유대인의 전통에 익숙해지는 것입니다. 전통에 익숙하다보니 하나님 말씀인 토라에 익숙하게 되고 그 토라의 말씀을 통해서 자기 자신을 발견하게 되는 것입니다.

한 가정에서의 유대교는 그 아이의 영적인 젖줄이 됩니다. 그렇다면 가정에서 유대교의 전통을 완전하게 가르칠 수 있을까요? 혹시 가르칠 수 있다고 하더라도 아이가 '우리 집만 이러한 것을 행하는 것이 아닐까'라고 생각할 수 있습니다. 가정에서 홀로 가르치는 것은 충분하지 못할 뿐만 아니라 충분하다고 하더라도 다른 가정과 공동체를 이루며 다른 가정에서도 우리 집에서 행하는 것과 같은 것을 행하고 있다는 것을 보여주어야 합니다.

이를 위해서 그들은 유대교의 전통이 자기 집에서만 행하는 특별한 것이 아니라 모든 가정에서 다 그렇게 행하고 있다는 것을 가르치기 위하여 회당으로 모입니다. 그러나 이것이 회당에 모이는 첫 번째 이유는 아닙니다. 회당에서는 토라와 유대인의 전통을 매일 그리고 안식일에 가르칩니다.

유대교의 교육 중에 매우 중요한 역할을 하는 것이 캠프 레마입니다. 캠프 레마에는 아이들이 걸을 수 있고 대소변을 가려 스스로 화장실에 갈 수 있으면 바로 그때 보냅니다. 이르면 보통 18개월짜리가 보내지기도 합니다. 기간은 길게는 2개월의 과정도 있습니다.

캠프에서는 토라를 가르치기 시작하며, 선택받은 민족 이스라엘 나라에 대해서, 히브리어, 친구, 스포츠, 인간의 존재 등에 대해서도 가르칩니다. 또한 캠프에서는 이 세상에서 인생을 살아가는 데 엄마나 아빠보다 더 중요한 분이 계시는데 그분이 바로 하나님이라는 것을 가르칩니다. 그러니까 이 캠프 레마에 다녀오면 지금까지 부모들이 행하던 유대인의 전통에 적극적으로 참여하게 되는 것입니다.

세상을 살아가는 데 나의 삶과 나의 과거 현재 미래를 주관하시는 분이 하나님이라는 것을 캠프에서 철저하게 가르치는 것입니다. 이렇게 캠프 레마에 다녀오고 나면 어린 아이들이지만 자신이 성장하고 자라는 데 필요한 영양소가 무엇인가 하는 것을 깨닫는다고 합니다. 대단한 일입니다. 앞으로 이 세상을 살아가는 데 있어 하나님이 모든 것을 공급해주시며 베푸시는 가장 큰 힘이라는 것을 알게 되는 것입니다.

캠프에서 배우는 모든 것이 중요합니다. 하나님을 사랑하는 표현이 기도이고, 말씀을 연구하는 것이고, 경건한 생활이라는 것을 이때부터 배우게 되는 것입니다. 이런 캠프 레마에 다섯 살이 되기까지 매년 보냅니다. 이렇게 일 년에 두 달씩 캠프에 들어가서 훈련을 받고 나면 진실하고 확실한 유대교인이 되는 것입니다.

캠프 레마에 들어가는 데 비용은 얼마나 들겠습니까? 어마어마할 것입니다. 어린 아이들을 모았기 때문에 아이들보다 선생님의 숫자가 몇 배는 많아야 할 것입니다. 그러나 모든 비용은 공동체에서 부담하기 때문에 보내기만 하면 됩니다.

유대교 가정에서는 어린이를 왜 캠프에 보내는가?

첫째, 캠프는 하나님과 자신과의 관계를 배우는 장소가 됩니다. 캠프 레마에 들어갔을 때 처음 가르치는 것이 무엇입니까? 제일 먼저 기도하는 것을 가르치는데, 기도를 가르치기 위해서 하나님을 가르치고 하나님을 가르쳐 나를 알게 하고 나를 알아 하나님과 나와의 관계를 알도록 인도합니다.

이처럼 아주 어린 아이에게 가르칠 때라도 "하나님은 너보다 중요한 분이시다"라는 것을 가르치려고 노력합니다. 다시 말해서 "너는 없어도 되지만 하나님은 없으면 안 된다"는 것을 제일 먼저 가르치는 것입니다. 그리고 하나님이 존재하시기 때문에 내가 존재한다는 것을 가르치는 것입니다. 그러니까 하나님이 없는 나는 생각할 수도 없다는 것입니다.

그러면 하나님과 나와의 관계는 어떻다는 것입니까? '하나'라는 것입니다. 이 말은 어떻게 들으면 매우 교만한 말처럼 들리지만 그들이 말하는 것은 자신을 바르게 보는 사람이 하나님을 볼 수 있다는 것입니다. 하나님이 내 속에 살아서 역사하고 계신다는 것을 알아야 합니다. 나는 아무것도 아니므로 없어졌고, 이제는 하나님만이 남아서 나를 통해서 보인다는 것입니다. 그래서 하나님과 나는 하나라는 것입니다. 즉 떼려야 뗄 수 없는 사이인 것입니다.

이렇게 하나님과 나의 관계가 밀착되어 있고, 확실하게 하나 되어 있으면 캠프를 나와서도 가정 밖에 나와서도 회당 밖에서 살아갈 때도 어디에 있을지라도 하나님을 떠나라고 사정사정해도 떠날 수가 없는 것입니다. 그러므로 철저하게 하나님을 떠날 수 없는 사람으로 만들어간다는 것입니다.

둘째, 캠프는 하나님과의 관계를 유지하는 방법을 배우는 장소가 됩니다. 캠프에서는 하나님과 나와의 관계를 가르친 다음 기도를 가르칩니다. 기독교 교회에서는 가르칩니다. "기도란 우리의 아버지 하나님께 성령 하나님을 의지하여 성자 예수 그리스도의 이름으로 우리의 영적이고 육적인 것의 필요한 것을 고해 바치는 것이다"(소요리 문답 제 98문).

그러면 유대교에서 말하는 기도는 무엇입니까? 유대교인들은 적어도 하루에 한 번 정한 시간에 마음으로 기도하는 사람들입니다. 여기서 마음으로 기도한다는 말은 하나님의 뜻을 찾는 기도를 한다는 것입니다.

기독교인들은 하나님의 뜻을 돌이킬 수 있는 길은 기도밖에 없다고 하여 내 뜻을 정해 놓고 억지를 쓰는 것이 기도인 것으로 이해하는 경우가 있습니다. 그러나 유대인들은 기도문이 있어 기도문을 사용하여 기도하는 경우가 많습니다.

그런데 이 기도를 가르치는 사람이 누구입니까? 바로 그의 부모인 것입니다. 기도의 선생님은 바로 그들의 부모라는 것을 아는 것은 유대교 가정을 이해하는 데 반드시 필요합니다. 부모가 매일 기도하는 것을 보니까 그 아이도 기도하는 것이 자연스럽습니다. 기도하는 부모님의 모습을 보면서 그 자녀들은 기도하는 습관을 배우고, 기도하게 되는 것입니다.

그들은 이렇게 자녀들이 기도하는 습관을 갖도록 하면서 왜 기도하는가를 부지런히 가르칩니다. 또한 왜 그런 기도문을 암송해야 하는지, 기도의 목적이 무엇인지, 그 기도들이 어떤 좋은 것을 하게 만드는지 가르칩니다. 아이들에게 기도하는 습관을 가르친 뒤에는 부모들이 그의 자녀들 뒤에서 어떤 화를 내는 사건이 있을 수 있는가를 묻습니다.

아이에게 열심히 기도를 가르치며 우리 자신도 열심히 기도합니다. 그런데 그런 다음 우리의 자녀들에게 화내고 짜증내고 불평한다면 그때 자녀들은 생각할 것입니다. '하나님을 향한 우리 부모님의 기도가 무슨 좋은 것을 만드느냐?'

우리가 "왜 기도하느냐?"라고 할 때 이것은 개인적으로도 매우 중요한 문제입니다. 그리고 유대교가 무엇이라는 것을 이해하는 데도 기도는 매우 중요합니다. 그리고 기도는 유대교에서만 하는 것이 아니고 기독교나 다른 종교에서도 실천적인 삶의 중심이 되는 것입니다.

다시 말해서 기도란 하나님을 믿는다고 말할 때 하나님을 믿는 사람으로서 실천적인 삶 자체를 연습하는 훈련입니다. 그러므로 기도하지 않으면서 종교적인 사람이라고 말하는 것은 거짓이라고 유대교는 가르칩니다. 그래서 매일매일 회당에 가서 기도하는 것을 당연하게 여기며 하나님과 함께하는 즐거움을 누린다고 합니다.

유대교인들은 타 종교인들을 가리켜 기도하러 가는 것이 아니라 예배에 참여하러 가는 경우가 많다고 말하는 것을 쉽게 들을 수 있습니다. 그런데 이 사람들은 매일매일 모일 수 있는 몇몇이 모여서 같이 기도합니다. 그리고 안식일이나 공휴일에는 더 많이 모여서 기도하고, 어떤 특별한 날에는 그 회당에 출석하는 거의 모든 사람이 모여서 기도합니다. 여기서 특별한 날이란 바로 그들의 절기들을 말합니다.

이들은 기도하러 모인다고 하면 오로지 기도하기 위해서 모이는 것이지 다른 것은 하지 않습니다. 유대인들은 말하기를 자신들의 종교, 유대교가 기독교나 다른 종교에게 정기적으로 기도하는 것을 가르쳐 주었다고 자부심을 가지고 말합니다.

셋째, 캠프는 기도를 배우는 장소가 됩니다. 유대교는 모든 종교들이 기도하는데 그 기도라는 것이 무엇이고, 기도의 목적이 무엇이고, 기도의 성취가 무엇인가를 연구해야 한다고 말합니다. 그러면 왜 모든 종교가 자신들이 믿는 신에게 기도할까요? 유대교인들이 정기적으로 기도하는 이유는 무엇일까요?

신명기 4:29절에 "그러나 네가 거기서 네 하나님 여호와를 구하게 되리니 만일 마음을 다하고 성품을 다하여 그를 구하면 만나리라"고 했습니다. 기도의 목적은 주 여호와 하나님을 찾아서 만나는 것입니다.

그러면 의문이 일어납니다. 하나님은 모든 장소 어디에나 안 계신 곳이 없으십니다. 그런데 왜 가까이 찾아가야 합니까?

유대교에는 『하나님에 관해서 물었을 때』라는 책이 있습니다. 그 책에 101가지 질문이 있습니다. 그 질문 가운데 한 질문이 "하나님은 모든 곳에 계시는데 우리가 왜 기도해서 찾아야 하는가?" 라는 질문입니다. 그 질문에 대하여 랍비가 답을 하는 것을 읽을 수 있습니다.

"우리는 부모님을 사랑합니다. 그렇기 때문에 우리 부모님은 항상 우리 마음속에 계십니다. 그런데 우리가 캠프에 가 있을 때 부모님을 사랑한다는 것을 어떻게 표현할 수 있습니까? 이러한 질문에 아이들은 '편지를 쓰거나 전화를 한다'고 할 것입니다. 그러나 편지나 전화를 하지 않고 사랑하는 사람과 떨어져 있을 수 있느냐는 질문에는 '있을 수 없다'고 할 것입니다. 그러므로 하나님은 아니 계신 곳이 없지만, 우리가 하나님을 찾아서 자꾸 부르고 기도하는 것은 어머니나 아버지에게 전화를 하거나 편지를 쓰는 것과 같은 것입니다. 이렇게 전화를 하거나 편지를 쓰면서 부모님을 생각하듯이 기도할 때 하나님을 기억하고 하나님과 더 가까이 있으려고 해야 합니다."그러므로 하나님은 아니 계신 곳이 없지만 기도를 통해서 우리 가까이 계시는 것을 알도록, 느끼도록 해주는 것이라는 말입니다.

Educational Principles

제 5 장

하나님을 경험하는 장소에서 배우는 기도의 목적

제5장

하나님을 경험하는 장소에서
배우는 기도의 목적

하나님은 언제나 어디에서나 우리와 함께 계시다는 것을 알게 합니다.

우리가 육체적으로 하나님의 존재 앞에 있다는 것을 보여주기는 어렵습니다. 왜냐하면 하나님은 보이지 않으시기 때문입니다. 다시 말해서 보이지는 않지만 분명히 살아계시는 하나님 앞에 우리는 서 있습니다. 시편 기자는 하나님이 우리와 함께 계시다는 것을 다음과 같이 노래하고 있습니다.

"내가 주의 신을 떠나 어디로 가며 주의 앞에서 어디로 피하리이까? 내가 하늘에 올라갈지라도 거기 계시며 음부에 내 자리를 펼지라도 거기 계시나이다"(시 139:7, 8).

"주에게서는 흑암이 숨기지 못하며 밤이 낮과 같이 비취나니 주에게는 흑암과 빛이 일반이나이다"(시 139:12).

이 말씀은 하나님은 우리와 멀리 떨어져 계실 수 없는 분이시라는 것을 느끼게 해줍니다. 그리고 우리는 이와 같은 사실을 먼저 느끼고 아이들에게 가르쳐야 합니다. 하나님은 언제나 우리와 함께하실 수 있고, 우리와 멀리 떨어져서는 존재하실 수 없는 분이라는 것입니다.

그러나 우리는 하나님으로부터 멀리 있을 수 있다는 것을 가르쳐야 됩니다. 그것은 우리가 만약 하나님을 생각하지 않는다면, 우리의 입술 위에 하나님의 이름을 두지 않는다면, 우리의 마음속에 하나님의 말씀을 두고 있지 않다면, 우리는 하나님을 향해서 기도할 수가 없습니다.

우리가 기도할 수 없게 되면 하나님은 우리와 너무나 멀리 계시게 됩니다. 하나님은 우리와 함께 계시지만 우리가 하나님과 멀게 느껴지는 것은 우리 자신 때문입니다.

그러므로 유대인들에게 "왜 기도하느냐"고 물으면 "나는 하나님을 생각하기 때문에 기도하며 하나님 앞으로 나아가기 위하여 기도한다"고 합니다. 따라서 그들의 기도의 목적은 하나님 앞으로 더 가까이 나아가기 위한 것입니다. 하나님 앞으로 나아가 하나님의 마음이 자신의 마음을 점령할 수 있도록 하기 위하여 순간순간 기도할 수밖에 없다고 그들은 가르칩니다.

시편 145:18절 말씀에 "여호와께서는 자기에게 간구하는 모든 자 곧 진실하게 간구하는 모든 자에게 가까이 하시는도다"라고 했습니다. 하나님은 언제나 우리와 함께하시기를 원하십니다. 언제 어디서나 우리와 함께하시기를 원하시는 하나님 앞으로 기도하며 나아가야 합니다.

또한 기도는 하나님의 뜻을 알게 되어 내 뜻을 하나님의 뜻으로 바꿀 수 있습니다.

유대인들은 "하나님께서 사람의 생각을 알고 계시기 때문에 하나님 앞에서 기도할 때는 자신의 생각을 알 수가 있다. 그렇기 때문에 우리는 기도한다"고 말합니다.

또한 시편 94:11절에 "여호와께서 사람의 생각이 허무함을 아시느니라"고 말하고 있습니다. 사람의 생각이 악하면 그 악한 생각 속에서 고상한 행동이 나올 수가 없다는 이야기입니다.

그러나 사람의 양심이 악할지라도 어떤 외부적인 환경에 의해서 필요에 따라 악한 양심을 감추고 고상한 행동을 할 수도 있습니다. 그러면 이 외부적인 환경이란 무엇입니까? 그로 하여금 자기가 현재의 위치보다 좀 더 나은 위치로 올라갈 수 있다고 생각이 될 때, 자신의 악한 양심은 감추고 고상한 행동을 해서 앞에 앉아 있는 사람에게 잘 보일 수도 있다는 것입니다. 아니면 어떻게 행동하는 것이 나에게 유리하겠다고 생각될 때 고상한 행동을 할 수도 있습니다.

외부적으로 나타나는 환경에서, 자기의 어떤 상황적인 입장에서 '내가 이렇게 하는 것이 좋겠다'고 생각하고 가면을 쓰고 악을 살짝 감추고 고상한 행동을 할 수도 있는 것이 사실입니다. 그러나 과연 인간의 내면과 외면에서 나타나는 행동이 다를 수 있느냐 하는 것입니다. 하나님을 믿는 사람은 내적인 면과 외적인 면이 분명히 같아야 합니다. 그러므로 우리의 내적인 면과 외적인 면이 같도록 하기 위해서는 매우 신경을 써야 합니다.

내면적인 것이 나쁘면 외면적인 것도 나쁘게 마련입니다. 그러므로 내면이 좋으면 외면도 좋게 마련입니다. 내적 사상과 외부적인 행동, 행위가 조화를 이룰 때 고상한 인격이 형성될 수가 있는 것입니다. 이렇게 내적인 사상과 외부적인 행동을 고상한 인격으로 바꾸려면 인간의 생각은 허무하고 악한 것이라는 사실을 알아야 한다고 합니다. 자신을 바르게 알면 바꿀 수 있다는 것입니다.

그렇다면 이 생각을 어떻게 바꿀 수 있느냐 하는 것이 문제입니다. 이 생각을 바꾸는 방법이 바로 기도라고 유대인들은 가르칩니다. 유대인들은 기도를 통해서만이 인간의 내면을 바꿀 수 있다고 가르치고 있습니다. 그들은 기도를 통해서 생각을 하나님 생각으로 충만하게 채울 수 있으며, 하나님을 생각하므로 하나님께로 가까이 갈 수 있고, 하나님께 가까이 감으로 말미암아 나는 아무것도 아니라는 것, 나의 생각은 악하고 추하다는 것을 깨닫게 된다는 것입니다.

그래서 나의 모든 생각을 하나님 앞에 내어 맡김으로써 나의 내면적인 사상이 변화될 수 있다는 것을 가르치고 있습니다. 그래서 그들은 기도를 통해서 인간의 생각이 바뀌기 때문에, 인간의 내면을 변화시키기 위해서 어릴 때부터 기도를 가르칩니다.

자주 기도할수록 하나님께 더 자주 나아가게 되고, 그렇게 할 때에 자신의 내면에서 하나님이 찾으시는 부끄러움이 없는 생각을 가질 수 있게 된다는 것입니다. 그래서 하나님께서 찾으시는 부끄러움이 없는 생각이 자신에게 있을 때만이 자신의 기도에 응답이 온다는 것이며 자신의 생각과 사상이 변하게 된다는 것입니다.

그러므로 시편 기자는 마음에 죄악을 품으면 하나님께서 그 기도를 듣지 않으신다고 말하고 있습니다. 그러니까 하나님이 찾으시는 부끄러움이 없는 생각으로 우리가 하나님 앞에서 낮아지고 겸손하게 되면 우리의 기도가 하나님께로 상달된다는 것입니다. 그래서 기도는 진정한 진실성을 창조하는 것이라고 유대인들은 가르치고 있습니다. "너는 기도를 통해서 진실해지고, 신실해져야 한다." 이것이 유대인들이 제일 먼저 기도를 가르치는 또 하나의 이유인 것입니다.

시편 139:23절에 보면 "하나님이여 나를 살피사 내 마음을 아시며 나를 시험하사 내 뜻을 아옵소서"라고 기록하고 있습니다. 그러므로 피조물인 사람은 창조주 하나님 앞에 날마다 자신의 마음을 토로하고, 마음을 살피시는 하나님 앞으로 기도로 나아갈 때 마음이 바뀔 수 있다는 것입니다.

하나님은 기도자의 소원을 이루어 주십니다.

하나님은 기도를 통해서 소원을 들어주시는 하나님이시라는 것을 배우게 됩니다. 기도를 통해서 자신의 소원을 들어주시는 하나님이시기 때문에 피조물인 사람이 하나님 앞에 나아가 기도해야 하는데, 하나님의 뜻을 찾아 자신의 뜻을 하나님의 뜻으로 바꾸어 기도하는 사람을 하나님께서는 기뻐하시며 응답하시기 때문에 어릴 때부터 기도를 가르쳐야 한다는 것입니다.

시편 37:4절에 "또 여호와를 기뻐하라 저가 네 마음의 소원을 이루어 주시리로다"라고 기록하고 있습니다. 사람의 마음의 소원을 이루어주신다고 했는데, 각각의 개성이나 자신의 생각에 의해서 형성되어진 인격은 모두 다릅니다. 그리고 자신이 원하는 것과 생각이 자신의 삶을 지배한다고 세상 사람들은 가르칩니다.

그러나 사람을 창조하신 하나님 앞으로 나아가면 하나님께서 정한 마음을 주시고 정직한 영을 주사 하나님께서 원하시는 바를 마음에 새겨 하나님이 기뻐하시는 일을 찾아 이루려는 마음의 소원을 주시므로 그 마음의 소원이 하나님께서 기뻐하시는 것이기에 온전히 이루어주신다는 것입니다.

기도를 통해서 우리 마음의 소원이 이루어지고 하나님의 거룩함으로, 고귀함으로, 순수함으로, 깨끗함으로 가까워지게 되는 것입니다. 그래서 하나님과 가까워지기 때문에 하나님을 더 많이 닮으려고 기도한다는 것입니다.

시편 24:3-4절에 "여호와의 산에 오를 자 누구며 그 거룩한 곳에 설 자가 누군고 곧 손이 깨끗하며 마음이 청결하며 뜻을 허탄한 데 두지 아니하며 거짓 맹세치 아니하는 자로다"라고 했습니다.

사람은 기도를 통해서 하나님이 원하시는 마음을 소유할 수가 있다는 것입니다. 그래서 유대인들은 어린아이 때부터 기도를 가르치기 위하여 노력합니다.

하나님은 기도하는 사람과 함께 하십니다.
유대인이 자녀들에게 어릴 때부터 열심히 기도를 가르치는 이유는 하나님께서 기도하는 사람과 함께하시며 도와주시기 때문입니다. 다시 말해서 하나님으로부터 오는 도움의 통로가 기도라는 것입니다.

이 세상에 사는 어린 자녀들은 아버지가 자신들보다 더 많이 알고 더 확실하게 안다고 생각하고 있습니다. 그래서 자녀들이 무엇을 원할 때 아버지는 줄 수도 있고, 반대로 주지 않을 수도 있다는 것을 압니다.

마찬가지로 하나님 아버지께서는 우리의 생각과 마음은 물론 우리의 모든 것을 완벽하게 아시는 분이시기 때문에 우리에게 그것이 있어야 할 것인지, 없어도 될 것인지를 누구보다 더 잘 아십니다.

그래서 그저 하나님 앞에 맡겨 놓고 "하나님이여 내가 무엇을 어떻게 하기를 원하시나이까?" 라고 이야기할 때, "하나님이여 언제 내가 그 일을 하기를 원하시나이까?" 하고 하나님께 맡길 때 하나님으로부터 도움이 온다는 것입니다. 이것을 가르치기 위해서 그들은 기도를 가르친다고 합니다.

만물의 창조주이신 하나님께서는 어떤 것이 기도하는 자녀에게 가장 필요하며 유익한지 아시기 때문에 그에 맞게 응답하신다는 것입니다. 기도의 응답은 100퍼센트 나타나는데 하나님의 뜻에 따라, 하나님이 보시기에 가장 좋은 대로 응답하신다는 것을 알아야 합니다.

하나님께서 요나에게 니느웨 성으로 가라고 했을 때 요나는 죽어도 가기 싫었습니다. 왜냐하면 원수의 나라가 구원 받는 것이 싫었던 것입니다. 자기가 가서 말씀을 전하면 그들이 하나님 앞에 회개하면 하나님이 용서해 주실 것이기 때문이었습니다.

요나는 원수의 나가라 멸망당하기 원했습니다. 그래서 하나님을 피하여 바닷가 항구로 가서 니느웨와 반대 방향으로 가는 배를 찾아 다시스로 가는 배를 탔습니다. 요나는 다시스로 가는 배를 타면서부터 계속해서 내려가는 인생이 되었습니다. 위대한 선지자 요나는 왜 계속하여 내려가는 인생이 되었습니까? 요나서 1장에 보면 기도하는 요나의 모습을 찾아볼 수가 없습니다. 위기의 상황 속에서까지도 기도하지 않는 요나의 모습을 보게 됩니다.

우리는 하나님이 어떤 것을 요구하시는지를 정확하게 알아야 합니다. 유대인들은 하나님은 우리에게 좋은 것으로, 복이 되는 것으로, 꼭 필요한 것으로 응답하신다고 말합니다. 그런데 그렇게 도우심으로, 하나님의 복으로 응답을 하시는데 하나님께서 우리에게 응답하시는 그 방법은 우리가 알 수 없다고 합니다. 왜냐하면 그것은 하나님만이 아시는 것이기 때문입니다.

그러면 무엇을 아느냐고 물으면 대답하기를 "하나님은 나의 주인이시고, 하나님은 나의 모든 것이다. 나는 아무것도 아니다. 그렇기 때문에 하나님은 나에게 모든 것을 완벽하게 주신다"는 것 외에는 모른다고 합니다.

유대인들이 아주 좋아하는 말이 무엇인지 아십니까?
나는 당신의 백성이고, 당신은 나의 왕이십니다.
나는 당신의 어린 아이입니다. 당신은 나의 아버지입니다.
나는 당신의 양입니다. 당신은 나의 목자입니다.
나는 포도나무요 당신은 지키는 자입니다.
나는 당신의 사랑을 받은 자요, 당신은 나를 사랑하는 자입니다.

기독교인이나 천주교인, 안식일 교인 등 모두가 '하나님을 사랑한다'고 말합니다. 그러나 이런 말들보다는 '나는 하나님의 사랑을 받은 자'라는 말이 훨씬 더 좋다고 생각되지 않습니까? 사람들이 진정 하나님의 사랑을 덧입었다는 것을 아는 때는 기도를 통해서 하나님이 우리의 필요를 안성맞춤으로 도와주시는 것을 느끼고 체험했을 때입니다. 그때 사람들은 하나님 앞으로 점점 더 가까이 갈 수가 있는 것입니다. 때문에 이스라엘 사람들은 가능한 빨리 자녀들에게 하나님 앞에 서는 방법인 기도를 가르치려고 노력합니다.

Educational Principles

제6장

어머니, 아버지, 교사, 자녀 업무 분담

제6장
어머니, 아버지, 교사, 자녀 업무 분담

가정에서 자녀교육의 조화

가정에서 자녀를 교육하는 일, 즉 히누흐(교육)는 부모가 함께 동등하게 참여해야 한다는 사실은 분명합니다. 그러나 어떤 부분에서는 어머니가, 또 어떤 부분에서는 아버지가 더 중요한 역할을 맡아야 할 때도 있습니다. 하지만 영적인 부분, 즉 하나님을 따르는 길과 하나님 앞에서 예배하는 성품을 키우는 일에는 부모 두 사람이 힘을 합해 적극적으로 참여하는 것이 매우 중요합니다.

히누흐(교육)는 기본적으로 아버지의 책임입니다. 아버지는 어머니에게 교육의 모든 책임을 맡기고 자신이 해야 할 일을 회피해서는 안 됩니다. 그러나 현실적으로 자녀들과 더 많은 시간을 보내는 사람은 어머니이기 때문에, 어머니가 교육 과정에서 중요한 원칙을 세우게 됩니다. 실제로 토라가 처음 주어진 사건, 즉 마탄 토라에서 어머니의 역할이 강조된 이유도 바로 이 때문입니다. 이스라엘의 미래는 부모가 자녀를 어떻게 양육하느냐에 달려 있기 때문입니다. 어머니는 자녀들에게 토라의 정신을 스며들게 할 수도 있고, 그렇지 않게 할 수도 있는 중요한 역할을 합니다. 그러나 자녀의 미래가 올바른 방향으로 나아가려면 아버지의 참여가 반드시 필요합니다. 아버지는 자녀들과 시간을 보내는 일을 소홀히 하지 말아야 하며, 매일 자녀들과 시간을 나누고, 특히 안식일에는 자녀들을 위해 온전히 헌신해야 합니다.

부모는 자녀들을 대할 때 매우 주의해야 합니다. 자녀는 부모의 소유물이 아니라 하나님께서 위탁하신 존재라는 믿음을 가져야 합니다. 이렇게 생각해야 자녀들을 더욱 주의 깊게 대할 수 있습니다. 부모는 아이들이 부모의 태도에 매우 민감하다는 점을 항상 기억해야 합니다. 자녀가 부모로부터 지나친 요구를 받거나, 자신이 공정하게 대우받지 못한다고 느끼면 부모의 행동과 가르침을 받아들이기 어려워할 수 있습니다. 만약 부모가 자녀의 감정을 고려하지 않고 단순히 보여주기 식으로 행동한다면, 이러한 태도는 자녀에게 부정적인 영향을 미치게 됩니다. 특히 자녀가 사춘기에 접어든 경우, 부모에게 억울함이나 불만을 더 크게 느낄 수도 있습니다.

부모는 자녀들과 좋은 관계를 유지하고, 집안의 분위기를 따뜻하게 만드는 것이 중요합니다. 이처럼 따뜻한 분위기는 부모와 자녀를 오래도록 결속시키는 데 큰 도움이 됩니다. 특히 어머니는 자녀들에게 사랑과 인내를 보여주어야 합니다. 자녀는 부모의 무관심을 결코 잊지 않기 때문에, 부모는 자녀가 필요로 하는 것보다 더 많은 관심을 기울여야 합니다.

결론적으로, 부모가 자녀를 사랑한다고 말하는 것만으로는 충분하지 않습니다. 자녀에게 사랑이 충분히 전달되고 설명되어야 합니다. 이러한 점을 명심한 가정은 많은 문제를 예방할 수 있습니다. 부모를 사랑하는 자녀는 부모의 말에 귀를 기울이게 되고, 이러한 관계 속에서 부모는 자녀를 바르게 교육할 수 있습니다.

자녀들이 어릴 때, 어머니는 아이를 가르칠 때 중요한 규칙을 가지고 행동해야 합니다. 앞에서 자녀의 성격과 인성이 어린 시기에 형성되기 시작한다고 다루었습니다. 따라서 자녀들의 성품이 형성되는 시기에 부모가 하나님 앞에서 사는 모습으로 올바른 히누흐(교육)의 분위기를 만드는 것이 중요한데, 이는 전적으로 어머니의 몫이라 할 수 있습니다.

아이는 감정이 바르게 형성되기까지, 아주 어린 시절에 좋지 않은 음악과 노래를 접하지 않도록 보호받아야 합니다. 아이가 듣고 보는 모든 것이 아이의 두뇌에 고스란히 담긴다는 과학적 증거도 있습니다. 어떤 의과대 교수가 연구한 사례에 따르면, 한 소녀가 뇌수술을 받게 되었는데, 수술 과정에서 의사들은 놀라운 일을 경험했습니다. 그 소녀가 무의식 중에 이탈리아 노래를 부르기 시작한 것입니다. 그런데 그 소녀는 이탈리아인이 아니었으며, 이탈리아 노래를 배운 적도 없다는 것이 그녀 부모님의 설명이었습니다. 의사들은 소녀가 아주 어릴 때, 부모도 모르는 사이에 이탈리아 노래를 들었을 가능성이 있다고 결론 내렸습니다.

유대인 랍비들과 교사들은 아주 오래전부터 이렇게 가르쳐 왔습니다. "모든 가정에서 태어난 자녀들은 요람에서부터 아버지 하나님의 말씀인 토라를 들을 특권을 가지고 태어났습니다. 그러므로 부모들이여, 자녀들이 요람에서부터 토라를 들을 수 있는 환경을 만들어 주십시오!" 이것은 유대인 가정의 중요한 교육 지침입니다.

가정의 시작

젊은 남녀가 만나 데이트를 즐기며 그들의 미래를 함께 나누고 비전을 공유

하며, 자신들에게 맡겨진 하나님의 뜻을 함께 이루고자 결심하면 결혼이라는 의식을 치릅니다. 결혼을 통해 두 사람은 더 이상 둘이 아니라 한 몸이라 외치며 새로운 공동체를 만듭니다. 우리는 이를 가정이라 부릅니다. 새로 결혼한 부부는 1년 동안 바른 가정을 이루기 위한 교육을 받습니다. 이 기간 동안 자녀교육, 부모교육, 경제교육, 회당교육, 그리고 토라와 탈무드를 집중적으로 공부합니다. 이때 가장 중요한 것은 하나님의 증인된 가정을 이루는 것입니다. 이러한 가정은 하나님의 증인을 양육하고 교육하는 학교가 됩니다. 가정은 이 사회에서 가장 작은 공동체이며, 인간이 태어나서 최초로 입학하는 학교라 할 수 있습니다.

자녀의 출산에서 세 살까지

결혼한 가정에 자녀가 태어나는 것은 매우 자연스러운 일입니다. 새로운 가정을 이룬 남녀는 말씀을 연구하며 기도하며 자녀를 기다립니다. 마침내 하나님께서 귀한 선물(자녀)을 그 가정에 허락하시는 때가 되면, 하나님은 부부에게 잉태의 기쁨을 주십니다. 병원에서 임신 사실을 알게 된 부인은 기쁜 마음으로 남편에게 복된 소식을 전합니다. 이후 부인은 시장에 가서 강보를 위한 천을 준비합니다. 저녁에 퇴근한 남편은 서점에 들러 성경을 사서 집으로 가져옵니다. 저녁 식사 후, 부부는 함께 앉아 성경과 천을 놓고 기도부터 합니다. 이후 부인은 강보를 만들기 시작하며, 남편은 매일 성경을 읽습니다. 이는 태아에게 하나님의 말씀을 들려주는 것입니다.

자녀가 출생하면 어머니는 매일 같은 시간에 성경을 펴고 기도한 후, 아이가 들을 수 있도록 소리 내어 성경을 읽어줍니다. 이렇게 아이는 매일 말씀을 듣고 기도하는 어머니의 모습을 보며 자라납니다.

만 두 살 생일이 되면, 일반적으로 자녀에게 특별한 생일선물을 줍니다. 이 선물은 양쪽에 손잡이가 달린 특별하고 의미 있는 컵입니다. 이 컵은 자녀가 잠자기 전에 물을 받아 침대 밑에 두고, 아침에 일어나자마자 그 물로 손을 씻고 기도할 수 있도록 준비된 것입니다. 깨끗한 손으로 기도하기 위해 밤에 미리 물을 준비해 두는 이 컵은 두 살 생일에 주는 특별한 선물입니다.

현대인들은 아침에 일어나면 제일 먼저 무엇을 하나요? 건강을 위해 이를 닦고 물을 한 컵 마신다고 합니다. 왜 물을 마시기 전에 이를 닦는 걸까요? 입 안의 세균을 청소한 후, 깨끗한 입으로 물을 마시기 위해서입니다. 이처럼 매일 이를 닦는 것도 정성을 다해야 가능한 일입니다.

그러나 유대인들은 두 살이 지나면서부터 아침에 일찍 일어나 손을 씻고 기도하는 습관을 기릅니다. 이는 "세 살 버릇 여든 간다"는 말과 일맥상통하는 것 같습니다.

세 살이 되면

위에서 살펴본 것과 같이, 아이의 두 돌이 지나면 아침에 일어나 기도하기 전에 손을 씻는 습관을 만들어 주기 위해 노력해야 합니다. 또한, 아이가 말을 시작하면 토라를 가르치기 시작해야 할 시기입니다. 그래서 유대인 가정에서는 아이가 36개월이 지나면서 토라 교육을 시작합니다. 성경 교육에 조금이라도 관심이 있다면 잘 알다시피, 유대인들은 두 살 때부터 성경을 가르치기 시작하며, 가장 먼저 '슈마(Shema)'를 가르칩니다. 슈마는 신명기 6:4-9, 신명기 11:13-21, 민수기 15:37-41절의 본문으로 구성되어 있습니다. 이 중에서도 신명기 6:4-9절이 가장 논리적으로 서술되어 있어 슈마 하면 일반적으로 이 본문을 의미합니다. 그러나 세 살 된 아이에게 성경 말씀을 풀어서 설명하며 가르치는 것은 아닙니다.

세 살 이후는

현대의 유대인 가정 대부분은 자녀를 유대인 데이 스쿨에 보냅니다. 이곳에서는 가정에서 배운 것들을 학교에서도 그대로 전수합니다. 이렇게 함으로써 자녀들에게, 자신의 집에서만 특별한 것을 배우는 것이 아니라 모든 유대인 가정의 아이들이 자신과 동일한 전통과 관습을 배우고 있다는 점을 가르칩니다.

하지만 부모는 데이 스쿨에만 전적으로 의존해서는 안 됩니다. 부모는 가정에서도 자녀에게 토라의 가르침과 유대인의 관습을 직접 가르쳐야 합니다. 예를 들어, 매일 세 번의 기도 생활, 안식일을 기억하는 것, 절기들을 기념하는 것 등을 반복적으로 가르쳐야 합니다.

유대교 교육에서 어머니의 역할이 중요하다는 것은 누구나 알고 있는 사실입니다. 유대인의 관습, 문화, 전통은 대부분 어머니를 통해 자녀에게 전수되기 때문입니다. 어머니는 자녀와 함께 놀거나 산책하거나 아이를 재우는 과정에서도 이 전통을 가르칩니다. 심지어 자녀가 말을 배우기 전부터 이러한 전통 교육이 이루어질 수 있습니다. 어머니와 자녀는 이러한 교육을 통해 서로 소통하며 관계를 형성합니다.

어머니는 어린아이가 하고 싶은 대로 내버려 두거나, 아이가 성질을 부린다고 방치해서는 안 됩니다. 어머니는 아이의 종이 아니므로, 필요할 때 단호한 어조로 가르쳐야 합니다. 어머니가 볼 때 아이 스스로 할 수 있는 일에 대한 자기 훈련은 이 시점부터 필요하기 때문입니다.

어머니가 이러한 교육을 통해 얻는 보답은 반드시 있습니다. 가장 오래도록 전통과 문화를 지속하는 사람이 결국 승리한다고 탈무드는 말합니다. 탈무드는 "문화와 전통을 잃어버린 민족은 멸망한다"고 가르칩니다.

그렇다고 가정에서 자녀를 엄격하게 대하거나 큰 소리로 가르쳐야 한다는 의미는 아닙니다. 좋은 교육은 목소리의 크기가 아니라 어머니의 온화하면서도 단호한 태도에 달려 있습니다. 어머니의 온화하지만 단호한 가르침은 더 큰 열매를 맺습니다. 이 과정에서 아버지는 자녀가 배운 것에 대해 만족감을 표현하고, 그 만족을 좋은 것으로 보상하는 역할을 해야 합니다. 아버지는 자녀가 유대인 문화와 전통에 익숙해지고, 하나님의 말씀을 배우며 성장하는 모습을 보며 하나님께 감사 기도를 드려야 합니다. 동시에 자녀에게는 적절한 보상을 제공해야 합니다.

다섯 살이 되면

아이가 다섯 번째 생일을 맞이하면, 부모는 아이에게 성경 가운데 레위기를 읽도록 지도합니다. 이는 레위기가 하나님께 자신을 구별하는 방법을 가르치기 때문입니다. 하나님께 자신을 구별하는 첫 번째 방법은 예배입니다. 왜 예배해야 하는지, 어떻게 예배하는지, 어디서 예배해야 하는지, 누가 집례하는지, 제사장은 누구인지, 어떤 음식은 먹을 수 없는지 등 예배를 통해 하나님을 따르는 삶의 기본을 자연스럽게 가르치기 위해 레위기를 가장 먼저 읽도록 지도합니다.

헤데르(어린이 종교 교육기관)와 데이 스쿨¹의 중요성

랍비들은 이렇게 가르칩니다. "어머니가 아이를 헤데르(어린이 종교 교육기관)나 데이 스쿨에 데려가 이디쉬어를 배우게 한다면, 그 어머니는 '올람 하바'(오는 세상)에서 큰 보상을 받을 자격이 있다." 아이가 토라를 배우는 학교로 간다는 것은 토라가 다음 세대로 전승된다는 의미입니다. 이를 가능케 한 어머니는 오는 세상에서 토라의 보상을 받을 것입니다.

어머니가 자신의 역할이 보잘것없다고 느끼는 일이 많지만, 실상은 그렇지 않습니다. 어머니가 가정을 위해 하는 모든 일은 토라 연구와 동등한 가치가 있습니다. 자녀와 남편을 토라 학교로 보내 토라를 전승하게 한 어머니는 오는 세상에서 가장 존귀한 여인으로 칭함받을 것입니다.

가정의 모든 일은 일반적으로 어머니의 생각과 태도에 따라 이루어집니다. 어머니가 작은 순간이라도 평안과 안정을 느낄 수 있다면, 이는 아이가 성장하여 토라를 배우기 위해 학교에 가는 순간 더 큰 만족감으로 이어질 것입니다. 부모는 아이가 데이 스쿨 또는 헤데르(어린이 종교 교육기관)에 가기 전까지 철저하게 준비시키고, 아이가 전통과 신앙을 배우는 과정을 적극적으로 돕는 것이 중요합니다.

말문이 열리는 순간부터 터저 나오는 아이의 질문

자녀에게 충분한 관심을 가지고 자녀를 양육하는 어머니는 아이의 질문에 귀를 기울이며, 그 질문에 대해 아이의 삶의 기초가 될 수 있는 답을 할 수 있는 데까지 성실하게 대답해야 합니다. 반면, 어머니가 자녀에게 부정적인 태도

---

1 10장에서 유대인 자녀들이 다니는 학교를 소개합니다.

를 보이거나 아이의 질문에 무관심하다면, 이는 아이의 학습과 이해하려는 욕구를 떨어뜨리는 결과를 초래할 수 있습니다.

학교에서도 이러한 현상은 동일하게 발생합니다. 선생님이 학생의 질문에 성실히 답하지 않는다면, 학생은 자신의 질문 행위가 아무 의미 없다고 여기게 되며, 결국 자신의 세계에 갇히게 될 가능성이 큽니다. 선생님들은 이러한 학생을 '망상가'로 판단할 수 있으나, 그 학생이 그렇게 되도록 방치한 책임은 결국 선생님에게 있다고 볼 수 있습니다.

특히 아이가 질문할 때, 어머니나 아버지는 그 질문에 합당한 대답을 하거나, 질문이 좋은 질문인지 아닌지 바르게 판단하여 최소한 긍정의 표현을 해주어야 합니다. 어떤 질문이든, 부모는 그것이 유치하다고 생각해서는 안 되며, 설령 유치한 질문이라도 아이의 입장에서 성실하게 답해야 합니다.

또한 자녀들의 질문을 받을 때, 부모는 부모 자신의 관점에서 질문을 고려하거나 판단해서는 안 됩니다. 아이를 가르치는 부모나 교육자는 항상 아이가 부모와 같은 성인이 아님을 인식해야 합니다. 특히 아이가 세상을 갓 배우기 시작한 시기라면 더욱 이러한 점을 명심해야 합니다.

가정의 중심 기둥인 어머니와 아내

어머니는 항상 집안에 있을 수만은 없습니다. 어머니는 쇼핑도 해야 하고, 사람들을 만나기도 하며, 은행에 가는 등 다양한 일을 처리해야 할 때도 있습니다. 그러나 어머니는 가정을 세워가는 중심 기둥이라는 중요한 직무를 잊어서는 안 됩니다.

어머니는 여인으로서 해야 할 일 중 일부를 다른 사람에게 위임할 수 있습니다. 그러나 가정의 기둥으로서의 역할은 타인에게 위임해서는 안 됩니다. 가정을 세워 가는 이는 어머니이며, 어머니의 존재만이 자녀들에게 안정을 주고, 그들의 필요를 채울 수 있습니다.

남편에게도 마찬가지입니다. 아내는 가정의 중심이며, 아내만이 할 수 있는 역할이 있습니다. 아내의 역할은 특별한 것이므로 다른 누구도 대신할 수 없습니다. 남편의 부족한 갈비뼈의 자리를 채우는 것은 그 자리에서 꺼내어진 아내만이 할 수 있기 때문입니다.

어머니와 아내의 역할은 참으로 위대합니다. 그 고유한 기능을 대신할 존재는 없으며, 대체할 수 있는 존재도 없습니다. 대리모는 있을지 모르지만 진정한 어머니는 유일합니다.

어머니가 자녀를 양육하는 사역은 하나님의 사역이다

유대교 회당에서 일부 여성들이 하나님의 사역을 감당할 기회가 여성에게는 적다고 느낀다는 이야기를 들으면 놀라움을 금치 못합니다. 가정에서 자녀가 토라를 충분히 배울 수 있도록 잘 양육하는 것은 하나님의 사역이 아니겠습니까? 자녀가 토라를 배우기 위해 학교에 가기 전, 아침 식사를 준비하고 자녀가 배불리 먹고 학교로 가도록 돕는 것도 하나님의 사역이 아닙니까? 자녀가 토라를 배우는 데 방해가 되지 않도록 좋은 옷을 입히고 신발을 신기는 일 또한 하나님의 사역입니다. 자녀가 학교에서 돌아왔을 때, 집에 어머니가 있어 아이가 홀로 있다고 느끼지 않도록 맞아주는 것도 하나님의 사역이 아닙니까? 더 나아가 자녀가 불량한 친구들과 어울리지 않도록 집에서 기다려주는 것 또한 하나님의 사역입니다. 이러한 모든 사역은 하나님 앞에서 드리는 예배의 행위이며, 삶 속에서 이루어지는 예배입니다. 그리고 이는 자녀들이 보고 배우는 하나님의 일입니다.

일반적으로 딸은 어머니를 잘 이해합니다

딸들은 보통 아버지보다 어머니를 잘 도와주며, 어머니 곁에 있기를 즐기고, 어머니의 삶을 잘 이해합니다. 그러므로 어머니와 딸 사이에 강한 결속을 만드는 것은 어머니에게 매우 중요한 일입니다. 딸이 십대가 되고 이후 성인이 되었을 때, 이 결속은 딸에게 매우 귀중한 보물이 될 것입니다. 딸은 어머니의 충고와 격려를 필요로 하기 때문입니다.

딸은 어머니를 보며, 자신도 결혼하고 자녀를 낳으면 어머니처럼 자녀를 양육해야겠다는 생각을 하게 됩니다. 따라서 어머니의 가장 중요한 사역은 자녀를 양육하는 것이며, 이는 하나님을 향한 여인의 의무이자 예배이며 사역입니다. 이는 디모데후서 1:5절에 나오는 디모데의 어머니와 할머니의 사례에서도 잘 드러납니다.

가정을 위한 상호 책임

부부는 서로를 돕고 지지하며 함께 성장하는 동반자입니다. 아내는 남편이 학문과 일을 충실히 수행할 수 있도록 돕고, 남편 역시 아내가 자신의 역할을 온전히 감당할 수 있도록 지원해야 합니다. 이러한 상호 협력은 단순한 의무가 아니라, 하나님께 드리는 예배이며 거룩한 사명입니다.

가정에서 이루어지는 모든 일, 즉 배우자를 격려하고 자녀를 돌보며 가정을 세워가는 일은 하나님께 드리는 소중한 섬김의 자리입니다. 남편과 아내가 각자의 역할에 충실할 때, 가정은 더욱 건강하고 행복한 공동체가 됩니다.

남자아이와 여자아이의 히누흐(חינוך, 교육)의 차이

남자아이와 여자아이의 교육에서 가장 큰 차이점 중 하나는 토라 교육에 대한 역할과 접근 방식입니다. 이는 여자가 토라를 배우지 않는다는 의미가 아니라, 전통적으로 남성과 여성에게 부여된 교육적 책임이 서로 다를 수 있음을 의미합니다. 여성도 토라를 연구하고 그 가치를 깊이 이해하는 것이 중요하며, 특히 가정에서 자녀와 가족에게 토라의 가르침을 실천하고 전수하는 역할을 담당하는 것이 핵심적인 부분입니다. 이는 유대 전통에서 여성이 신앙과 가정 교육의 중심적인 역할을 맡아왔음을 반영합니다.

이를 제외하면 남자아이와 여자아이의 교육 방식은 전반적으로 유사합니다. 다만, 여자아이는 감수성이 섬세하고 연약한 부분이 있을 수 있어서 교육에 있어 보다 세심한 접근이 필요할 수 있습니다. 이는 남녀의 차이를 강조하기보다는, 각각의 개성을 존중하고 그에 맞는 교육적 배려를 제공하는 것을 의미합니다.

교육은 단순히 지식을 전달하는 것을 넘어, 아이들이 각자의 특성을 바탕으로 토라의 가르침을 삶에 실천할 수 있도록 돕는 과정이 되어야 합니다.

Educational Principles

제 7 장

미도트(מדות, 인격과 성품) 훈련과 좋은 습관 길들이기

제7장
미도트(, 인격과 성품)훈련과 좋은 습관 길들이기

타이밍

선한 미도트(인격과 성품)의 가치를 훈육하기 위해서는 아이의 성장 단계에 따라 접근이 달라져야 합니다. 무엇이 좋고 나쁜지, 무엇이 옳고 그른지를 이해하지 못하는 아이에게 미도트(인격과 성품)의 가치를 설명하고 훈련시킨다고 해서 교육적 효과를 기대할 수는 없습니다. 그래서 랍비들은 다음과 같은 가르침을 전했습니다.

"준비와 훈련 없이 아이는 스스로 올바른 습관을 길들일 수 없다."

아이를 히누흐(교육)하기 위한 첫 번째 단계는 교사나 부모가 아이에게 무엇을 기대하는지, 무엇을 해야 하고 무엇을 하지 말아야 하는지를 아이가 이해할 수 있도록 설명하는 것입니다. 아이가 스스로 계획을 세워 올바르게 행동할 것이라고 기대하는 것은 잘못된 접근입니다. 이런 기대는 이미 히누흐(교육)가 실패했음을 의미합니다. 만약 부모나 교사가 어린 아이들이 성장하면서 자연스럽게 올바른 행동을 하거나, 부모나 교사를 존경하게 될 것이라고 기대한다면, 이는 아이의 천성에 대한 이해가 부족한 것입니다.

유대 문헌에서도 강조되었듯이, 선한 행동과 올바른 행동은 인간이 자연스럽게 갖게 되는 천성이 아닙니다.

랍비 하잘(Chazal)의 가르침

랍비 하잘은 다음과 같이 가르쳤습니다.
"아이들이 성장하여 바르 미쯔바(남자 성인식)와 바트 미쯔바(여자 성인식)에 이르면, 예쩨르 하라(나쁜 본성)가 드러난다. 교육받지 않으면 아무 선한 것도 없다. 교육은 바른 길을 제시하며, 특히 하나님을 가르치는 교육은 바른 삶의 길을 열어준다."

이는 성경적인 가르침과도 일치합니다. 잠언 22:6절은 이렇게 말합니다.
"마땅히 행할 길을 아이에게 가르치라. 그리하면 늙어도 그것을 떠나지 아니하리라."

교육은 단지 지식을 전달하는 것이 아니라, 아이가 바른 습관과 성품을 갖추도록 훈련시키는 과정임을 보여줍니다.

아이의 천성 이해하기

아이가 장난감을 정리하지 않고 어질러 놓았을 때, 우리는 종종 그를 '장난꾸러기'라고 부릅니다. 유대 문헌에서는 장난꾸러기 라는 표현을 '아이'라는 단어와 동의어로 사용하기도 했습니다. 다시 말해, 아이가 어질러 놓는 행동은 꾸짖을 일이 아니라, 마치 구구단 6단을 가르치지 않은 채 아이가 답을 못했다고 나무라는 것과 같은 맥락에서 이해해야 합니다. 아이의 이러한 모습은 자연스러운 성장 과정의 일부이며, 가르침을 통해 점차 배워가는 것입니다.

부모는 아이가 설명을 이해하지 못한다고 해서 화를 내어서는 안 됩니다. 왜냐하면 부모에게는 단순하고 명백해 보이는 것이, 아이에게는 큰 장애물이 될 수 있기 때문입니다. 아이가 새로운 사고와 개념을 받아들이기까지는 시간이 필요하며, 부모는 그 과정을 인내심을 가지고 기다려야 합니다.

탈무드 에이루빈 54b에서는 다음과 같이 가르칩니다.
"율법은 천천히, 그리고 반복적으로 가르쳐야 한다. 말씀이 단 한 번에 새겨질 것이라 기대하지 말라."

이와 같이, 아이를 훈육할 때에도 부모와 교사는 기쁘고 여유로운 태도로 반복적으로 가르쳐야 합니다.

교육에서 감정적 접근의 중요성

히누흐(교육)에서 냉정하고 메마른 규칙은 적절하지 않습니다. 규칙을 정하고 엄격히 고수하도록 강요하는 부모나 교사의 노력은 가상할지 모르지만, 그것만으로는 아이에게 선한 인성을 세워줄 수 없습니다. 성경에서도 부모가 자녀를 대할 때 감정적인 배려와 온화한 태도를 강조합니다. 에베소서 6:4절에서는 다음과 같이 가르칩니다.

"아비들아, 너희 자녀를 노엽게 하지 말고, 오직 주의 교훈과 훈계로 양육하라."
이는 자녀가 규칙의 강요로 인해 반발하지 않도록 부모가 자녀의 감정과 입장을 배려해야 함을 강조합니다.

아이를 선한 미도트(인격과 성품)로 훈육하려면 타이밍과 접근 방식이 매우 중요합니다. 교육은 단지 규칙을 전달하는 것이 아니라, 아이의 천성과 성장 과정을 이해하고, 반복과 인내를 통해 올바른 습관과 성품을 형성하는 것입니다. 부모와 교사는 기쁘고 여유로운 태도로, 아이의 입장에서 차근차근 가르쳐야 하며, 단순한 규칙 강요가 아니라 사랑과 배려 속에서 훈육이 이루어져야 합니다. 이러한 과정이야말로 성경적이고 유대 문헌에서 강조하는 바른 히누흐(교육)의 핵심이라 할 수 있습니다.

히누흐(חינוך, 교육)의 기본적인 방법

선한 미도트(인격과 성품)의 개념을 가르치는 데 있어 적합한 이야기를 소개하는 것은 매우 효과적인 방법이 될 수 있습니다. 가정에서 부모가 자녀를 히누흐(교육)할 때, 이야기식으로 가르치는 것보다 더 좋은 방법은 없습니다. 좋은 이야기는 반복해서 들려줄 수 있으며, 어린아이는 같은 이야기를 여러 번 들어도 여전히 즐거워하기 때문입니다. 이러한 방식에서 많은 사람들이 하부르타(토론을 통한 학습 방식)를 떠올릴 수 있습니다.

실제적 사례

한 어머니가 자녀에게 친구 혹은 동생과 장난감을 사이좋게 나누며 놀도록 가르치고자 했던 일이 있었습니다. 그러나 어머니가 단순히 장난감을 친구나 동생에게 주며 함께 가지고 놀라고 말했을 때, 그 결과는 예상과 다르게 나타났습니다. 어머니는 이렇게 말씀하셨습니다.

"자, 너는 장난감을 친구와 함께 가지고 놀아야 한다!"

하지만 어머니의 선한 의도에도 불구하고, 아이는 장난감을 던지며 화를 내었습니다. 그렇다면 왜 아이는 이런 반응을 보였을까요? 이유는 다음과 같습니다.

1) 어머니는 아이에게 '나누기' 혹은 '교대로 가지고 놀기'의 개념을 미리 설명하지 않았습니다.
2) 아이는 아직 '나누기'라는 개념을 이해하기에는 너무 어린 상태였습니다.
3) 아이가 소유한 물건을 강제로 빼앗으려는 시도는 아이에게 강도 행위처럼 보일 수 있습니다. 이로 인해 아이는 이 세상에서 자신의 소유를 지키기 위해서는 힘을 사용해야 한다는 잘못된 교훈을 얻게 됩니다.

올바른 방법은 무엇인가요?
올바른 방법은 어머니가 먼저 아이와 함께 나누기 게임을 통해 '나누기'라는 개념을 자연스럽게 가르치는 것입니다. 어머니는 아이가 이해할 수 있는 언어로 설명하면서 아이와 함께 장난감을 가지고 놀아야 합니다.

예를 들어, 어머니가 이렇게 말할 수 있습니다.
"자, 엄마가 너랑 함께 가지고 놀아볼게."
그리고 나서 어머니는 아이에게 다시 이렇게 권합니다.
"자, 너도 엄마와 함께 가지고 놀자. 그리고 동생(혹은 친구)과도 같이 가지고 놀아보자."

이 과정에서 어머니는 아이를 칭찬하며 격려합니다.
"우리 아이 참 착하구나!"
이어서 아이가 다른 아이와도 나눔을 실천할 수 있도록 지지해 주고, 착하게 행동한 아이에게 작지만 의미 있는 보상을 주어야 합니다. 이를 통해 아이가 나누는 행동을 반복적으로 경험할 수 있도록 유도해야 합니다. 이렇게 형성된 반복된 행동은 점차 아이의 습관으로 자리 잡게 되고, 결국 성품과 인격으로 발전하게 될 것입니다.

생각 → 행동 → 습관 → 성품 → 인격

이와 같은 교육 방식을 통해 부모는 자녀에게 올바른 가치관과 태도를 가르칠 수 있습니다. 무엇보다도, 히누흐(교육)는 단순히 행동의 교정이 아니라, 아이의 내면에 선한 미도트(인격과 성품)를 형성하는데 그 목적이 있다는 점을 기억해야 할 것입니다.

Educational Principles

제8장

부모님이 실천하며 보여 주어야 한다

제8장

부모님이 실천하며 보여 주어야 한다

아브라함의 손님 접대 사건(창세기 18장)과 교육적 교훈

"아브라함이 눈을 들어 본즉, 사람 셋이 맞은편에 서 있는지라. 그가 그들을 보자 곧 장막 문에서 달려 나가 영접하고 땅에 엎드려"(창 18:2).

아브라함이 세 명의 손님을 환대하는 사건은 유대 전통에서 가장 중요한 환대와 선행의 본보기로 여겨집니다. 그러나 랍비 하잘은 이 사건에서 아브라함이 아들 이스마엘을 동참시킨 점을 들어, 그의 환대가 최고 수준이 아니라고 비판했습니다. 그는 아브라함이 스스로 모든 일을 했어야 했다고 주장했습니다.

그러나 랍비 모세 파인스타인은 이 사건을 다르게 해석하며, 아브라함의 행동이 교육적 차원에서 가장 훌륭한 실천이었다고 말합니다.

랍비 모세 파인스타인의 해석

아브라함은 하나님의 계명을 실천하며 이스마엘에게 선행의 가치를 가르쳤습니다. 아브라함이 직접 모든 일을 하지 않고 이스마엘을 참여시킨 이유는,

자녀에게 하나님의 미쯔바(계명)를 실천하며 가르치기 위함이었습니다.

히누흐(교육), 즉 '교육'은 단지 지식을 전달하는 것이 아니라, 삶의 모범을 보이며 직접 체득하게 하는 과정입니다.

아브라함은 덥고 습한 날씨에도 나이 든 몸으로 하나님께 순종하며 선행을 실천하는 모습을 보여주었습니다. 이를 통해 자녀에게 앎(토라의 지식과 계명의 가치)은 선이며, 무지(이를 실천하지 않거나 배우지 않음)는 악이라는 본질적 메시지를 심어주었습니다.

신명기 6:6-7절 말씀에서 부모의 역할

"오늘 내가 네게 명령하는 이 말씀을 너는 마음에 새기고 네 자녀에게 부지런히 가르치며, 집에 앉았을 때든지 길을 갈 때든지 누워 있을 때든지 일어날 때든지 이 말씀을 강론할 것이며."

슈마 기도는 유대 교육의 기초이며, 부모가 자녀를 교육하는 방식과 본질을 잘 보여줍니다. 이해를 돕기 위하여 본문을 자세하게 해석해 보는 것이 좋습니다.

'마음에 새기고' : 부모는 먼저 하나님의 말씀을 자신의 마음에 새기고 삶 속에서 실천해야 합니다. 이는 단순히 지식을 습득하는 것이 아니라, 그 지식을 행동으로 드러내는 것을 의미합니다. 여기서 앎과 무지의 관계를 아는 것은 아주 중요합니다.

앎(지식)은 하나님의 말씀을 아는 것이 선입니다.

무지는 하나님의 말씀을 알지 못하거나 실천하지 않는 것이 악입니다.

'네 자녀에게 부지런히 가르치며': 히브리어 שׁנן(샤난)은 "반복하다, 날카롭게 하다"를 뜻합니다. 부모는 자녀가 하나님의 말씀을 이해하고 실천하도록 끊임없이 반복해서 가르쳐야 합니다. 이 가르침은 단지 말로 끝나는 것이 아니라, 부모의 삶에서 드러나야 합니다.

이 가르침은 부모는 자녀에게 반복하여 보여 주며 가르쳐야 하는데 자녀들이 따라할 때까지 계속하여 가르치라는 말입니다. 그래서 자녀들에게 습관이 되도록 해야한다는 말입니다.

'집에 앉았을 때든지 길을 갈 때든지': 교육은 특정 장소나 시간에 제한되지 않습니다. 부모는 매일의 삶 속에서 계명을 실천하며 자녀에게 하나님의 말씀을 자연스럽게 보여주어야 합니다.

이 구문이 가르치는 교훈은 장소, 시간 그리고 사람을 불문하라는 말입니다. 부모와 자녀가 있는 자리가 어디이든지, 어느 시간이든지 그리고 누구 앞에 있든지 부모는 자녀에게 보여주며 따라하게 해야한다는 가르침입니다.

예를 들어 교회에서는 가르치는데 집에서는 안 한다든지, 목사님 앞에서는 하는데 형제들 앞에서는 안 한다든지 그리고 예배, 기도, 찬양 시간에는 잘 보여 주는데 다른 시간에는 보여 주지 않는다든지 하면 안 된다는 말입니다.

슈마는 부모가 스스로 하나님의 말씀을 실천하며 자녀에게 본을 보여야 함을 강조합니다. 부모가 삶으로 보여줄 때 자녀는 그 본을 따라갑니다. 이는 부모가 '원본'이고, 자녀가 '복사본'이라는 유대 전통의 원리를 가장 잘 보여줍니다.

부모는 원본, 자녀는 복사본

탈무드 바바 머찌아 85a를 읽어보면 이런 말이 나옵니다.
"부모는 원본이고, 자녀는 복사본이다."

너무나 이해가 잘 되는 말입니다. 대부분의 부모는 자녀들에게 저 아이가 누구를 닮아서 저런지 모르겠다고 합니다. 자녀들이 누구의 DNA를 가지고 태어 났나요? 자녀가 태어나서 누가 하는 것을 보고 따라하겠습니까? 여러분 부모가 보여 준대로 자녀는 따라하는 것이 당연합니다. 이것을 간략하게 정리하면 이렇습니다.

부모는 자녀의 행동과 성품을 형성하는 원천적 본보기입니다. 자녀는 부모의 삶을 '복사'하여 자기 삶에 적용합니다. 부모가 하나님의 말씀을 실천하지 않으면, 자녀는 그 가치를 배우지 못하고 악으로 치우치게 됩니다.

랍비 라파엘 허쉬는 다음과 같이 구체적으로 설명하였습니다.
첫째, 성질을 자주 부리는 부모는 자녀에게 인내를 가르칠 수 없습니다.
둘째, 간교한 부모는 자녀에게 정직을 가르칠 수 없습니다.
셋째, 무지한 부모는 자녀에게 하나님의 말씀을 실천하는 삶을 가르칠 수 없습니다.

부모가 스스로 하나님의 말씀을 배우고 실천하지 않을 때, 자녀는 잘못된 길로 나아갈 수밖에 없습니다. 이는 "앎은 선이요 무지는 악이다"라는 가르침을 강조합니다. 부모가 무지하면, 그 영향은 자녀에게 그대로 복사됩니다.

성경과 실천적 교육의 사례

사무엘상 1:27-28절을 깊이 읽어보며, 한나와 사무엘의 관계를 살펴보겠습니다.

"이 아이를 위해 내가 기도하였더니… 이 아이도 여호와께 드리되…"

이 말씀에서 우리는 한나가 자녀 교육을 어떻게 실천했는지를 볼 수 있습니다. 한나는 아들 사무엘을 교육하기에 앞서 먼저 자신의 삶에서 기도와 헌신의 본을 보였습니다. 그녀는 오랫동안 아이를 간절히 바라며 기도했고, 하나님께서 응답하시자 그 아이를 하나님께 다시 드리는 결단을 내렸습니다. 이러한 한나의 신앙적 실천과 태도는 자연스럽게 사무엘에게 영향을 주었고, 결국 그는 하나님의 선지자로 충실히 살아가는 삶을 선택하게 되었습니다.

이것은 부모가 자녀에게 삶의 방향과 가치를 제시해야 한다는 중요한 원리를 보여줍니다. 자녀는 단순한 가르침이 아니라, 부모가 직접 보여주는 신앙과 삶의 태도를 통해 더욱 깊이 배운다는 것입니다. 한나처럼 부모가 먼저 신앙을 실천할 때, 자녀도 그것을 보고 배우며 신앙 안에서 성장할 수 있습니다.

바울의 가르침과 부모의 역할

고린도전서 11:1절을 읽어보세요.
"내가 그리스도를 본받는 자 된 것 같이 너희는 나를 본받는 자가 되라."
사도 바울은 자신의 삶 자체를 가르침의 도구로 삼았습니다. 그는 단지 교리를 전하는 것이 아니라, 자신의 행동과 삶이 그리스도를 따르는 본이 되기를 원했습니다.

부모는 바울처럼 자신의 삶으로 자녀에게 본을 보여야 합니다. 이는 단순한 말이나 교훈이 아니라, 실천적 본보기로 삶의 가치를 전수하는 것입니다.

앎은 선이요 무지는 악이다

유대 문헌과 성경은 전반에 걸쳐 앎의 중요성과 무지의 위험성을 강조하여 가르칩니다. 앎과 무지의 관계를 다시 한 번 보겠습니다.

앎은 선이다. 하나님의 말씀(토라)을 배우고 실천하는 것은 선입니다.

무지는 악이다. 하나님의 말씀을 알지 못하거나 실천하지 않는 것이 악입니다.

탈무드 아보다 자라 17b를 읽어 보면 이런 말이 나옵니다.

"악한 스승은 악한 제자를 낳는다."

부모와 교사는 지식의 원천으로서 자신이 먼저 배운 것을 실천하지 않으면, 자녀와 제자는 잘못된 길로 빠질 수밖에 없습니다.

부모는 자녀의 삶에 가장 중요한 원본입니다. 자녀는 부모의 행동을 복사하여 자기 삶에 적용합니다. 부모가 하나님의 말씀을 배우고 실천할 때, 자녀는 그 삶을 따라갑니다. 그러나 부모가 무지하거나 하나님의 계명을 실천하지 않으면, 자녀는 그 무지와 악을 복사하게 됩니다.

그러므로 부모는 하나님의 말씀을 실천하는 삶을 통하여 자녀를 교육하여야 합니다. 다시 한 번 정리해 보면 이렇습니다.

첫째, 앎은 선이다. 부모는 하나님의 말씀을 배우고 실천해야 한다.

둘째, 무지는 악이다. 부모의 무지와 실천 부족은 자녀에게 악한 영향을 미친다.

셋째, 부모는 원본이고, 자녀는 복사본이다. 자녀의 삶은 부모의 삶을 따라간다.

성경과 유대 문헌의 가르침은 명확합니다. 부모는 삶으로 자녀에게 선을 가르쳐야 하며, 무지는 자녀를 악으로 이끌 수 있다는 경고를 잊어서는 안 됩니다.

아브라함의 자녀교육의 원리

창세기 18장에서 아브라함이 손님을 접대하는 모습은, 가르침을 몸소 실천하는 개인적 선행에 담긴 교훈을 보여줍니다. 랍비 하잘은 창세기 18장을 설명하면서 이렇게 말하였습니다.

"교사로서 영예를 가진 부모가 영예로운 교사가 될 자녀들을 갖는다."

왜냐하면, 아버지를 토라 교사로 존경하는 아이는 아버지가 토라를 끊임없이 연구하고 토라가 가르치는 대로 생활하는 모습을 보며 성장합니다. 이런 아버지 아래서 성장한 아이는 토라가 귀중한 하나님의 말씀이며, 토라를 배우는 것은 중요하다는 것을 깨닫고, 그가 깨달은 말씀대로 행해야한다는 감동의 메시지를 배우기 때문에, 그 아이는 그의 삶속에서 미쯔바(계명)를 이루는 삶을 살게 됩니다.

선행을 실천하는 모습을 스스로 보여 주지 못하는 사람은, 개인적으로 자기 스스로 할 수 없는 사실에 한탄합니다. 또한 자기가 교육을 받지 못한 것에 대하여 한탄합니다. 그들은 교육 받는 사람과 교육하는 사람들을 부러워합니다. 자기 자신이 스스로 선을 행하는 모습을 보여주지 못한 사람은 자녀의 성품을 개발시킬 수 없습니다. 그러므로 그런 사람은 자녀를 출산하면 회당을 찾아가 자녀와 함께 토라를 배우며 실천하는 부모가 되어야 합니다.

미쯔바(계명)를 실천하는 가정에서 미쯔바(계명)를 실천하는 교사가 나올 수 있습니다. 그러므로 배우지 못한 것은 바로 악입니다. 그래서 탈무드는 아주 간단하게 말합니다.

"앎은 선이요, 무지는 악이다."

가정에서 부모가 무지하면 악이 나올 수밖에 없다는 가르침입니다. 학교에서 선생님이 무지하면 악을 행하는 학생이 배출 될 수밖에 없습니다. 교회에서 목회자가 무지하면 악을 행하는 성도가 배출 될 수밖에 없습니다. 그러므로 지식만 있는 교사가 아니라 아는 것을 실천하는 교사가 필요합니다.

Educational Principles

제 9 장

학교를 선택하는 방법

제9장

학교를 선택하는 방법

다양한 토라(תורה) 교육 방식으로 인한 혼란

토라 교육은 전 세계적으로 매우 다양한 방식으로 이루어집니다. 유대교 내에서도 정통파, 보수파, 개혁파 등 여러 교파가 각기 다른 접근법을 사용하며, 이 외에도 기독교와 이슬람교처럼 토라를 경전으로 삼는 종교들이 각자의 방식으로 가르칩니다. 이러한 다양성은 종종 사람들에게 혼란을 야기하며, 어떤 방식이 가장 적합한지 판단하기 어렵게 만듭니다.

우리는 다양한 유대인의 토라 교육 방식을 논의하면서, 이러한 혼란을 겪고 있는 부모와 교육자들이 유대교 전통을 이해하는 데 도움을 주고자 합니다. 그러나 다른 교파나 종교의 교육 방식을 연구하려는 것은 아니며, 유대교 내 교육 방식에 초점을 맞추어 설명합니다.

이 설명을 읽는 기독교인들은 성경 교육이 얼마나 중요한지 다시 한 번 생각해 보며, 기독교 교육의 목표를 설정하고 방법을 제시하여 바르게 가르칠 수 있는 교회학교를 세우는 것이 바람직하다고 생각합니다.

성경적 배경 및 유대 문헌의 시각

신명기 6:7절에는 "네 자녀에게 부지런히 가르치며 집에 앉아 있을 때이든지 길을 갈 때이든지 누워 있을 때이든지 일어날 때이든지 이 말씀을 강론할 것이며"라고 기록되어 있습니다.

이 구절은 토라 교육이 단지 학교에서의 학습이 아니라, 부모와 자녀가 함께하는 일상생활 속에서도 이루어져야 한다는 점을 보여줍니다.

탈무드 키두신 29a에는 다음과 같이 가르칩니다. "아버지는 자녀에게 토라를 가르칠 책임이 있다."
이는 토라 교육이 단순히 제도적 차원이 아니라 가정에서 시작되어야 함을 강조합니다.

성경 히누흐(חינוך, 교육)의 목적

성경 교육의 핵심 목표는 다음 세대를 하나님을 믿는 신앙인으로 세우는 것입니다. 이는 단순히 유대교 신앙을 계승하는 차원을 넘어, 하나님의 말씀에 따라 삶을 살아가는 신실한 유대인을 양성하는 데 초점이 맞춰져 있습니다.

기독교인 또한 하나님의 말씀을 삶에 적용하는 하나님의 사람을 세우는데 교육의 목표를 두어야 합니다. 그래서 무늬만 기독교인이 아니라 진정한 하나님의 사람을 세우는 교육을 해야합니다.

출애굽기 13:8절에는 "너는 그 날에 네 아들에게 말하여 이르기를, 이것은 내가 애굽에서 나오던 날 여호와께서 나를 위하여 행하신 일로 말미암음이라

하라"라고 기록되어 있습니다.

이 구절은 부모가 출애굽 사건을 자녀에게 가르쳐 하나님의 구원의 역사를 기억하게 하고, 이를 통해 신앙적 정체성을 형성하게 해야 함을 보여줍니다.

탈무드 아보트 5:21절에는 다음과 같이 가르칩니다. "오랜 세월의 지혜는 토라를 통해 얻어진다."
이는 유대인의 삶에서 토라가 단순한 지식의 원천이 아니라 삶의 지혜와 방향을 제공하는 근본임을 강조합니다.

성경 교육의 목표는 단순히 정보를 전달하는 것이 아니라, 자녀가 성경의 원칙에 따라 삶을 살아가는 법을 배우고, 이를 통해 하나님과 관계를 맺도록 돕는 것입니다.

유대인의 세 가지 학교 형태[2]

유대인의 교육 시스템은 크게 세 가지로 나뉩니다. 이 세 가지 형태는 각기 다른 방식으로 토라와 일반 교육의 균형을 이루며, 시대적 필요와 상황에 따라 발전해 왔습니다.

1)종교학교
일반 교육을 최소화하고, 종교 교육에 대부분의 시간을 할애합니다. 이 학교들은 토라, 미쉬나, 탈무드와 같은 유대교 문헌을 깊이 있게 배우며, 세속적인 학문보다는 신앙적 성장에 초점을 맞춥니다.

---

[2] 10장에서 유대인 학교를 소개합니다.

"그것을 너희 자녀에게 가르치라. 앉아 있을 때이든지 길을 갈 때이든지 누워 있을 때이든지 일어날 때이든지"(신 11:19).

이 구절은 토라 교육이 신앙의 중심에 있어야 함을 보여줍니다.

2)혼합형 학교
하루의 절반은 종교 교육, 나머지 절반은 일반 학문을 배우는 학교입니다. 이 방식은 학생들이 신앙을 유지하면서도 세속 사회에 적응할 수 있도록 돕습니다.

"범사에 기한이 있고 모든 목적이 이룰 때가 있다"(전 3:1).
종교 교육과 일반 교육의 조화는 균형 있는 삶을 준비하는 데 도움을 줍니다.

3)정통 유대교 학교
일반 교육과 최소한의 토라 교육을 병행합니다. 이 학교는 현대적 필요에 맞추면서도 유대교 전통을 유지하려고 노력합니다.

"지혜가 제일이니 지혜를 얻으라. 네가 가진 모든 것을 다하여 명철을 얻으라"(잠 4:7).

이는 세속적 지혜와 신앙적 지혜가 균형을 이루어야 함을 보여줍니다.

유대인 데이 스쿨의 역사적 배경
유대인의 일반 교육은 외부적 요인에 의해 변화되었습니다. 동유럽에서는 공교육이 도입되기 전까지 유대인 자녀들이 대부분 가정에서 성경을 배우며 성장했습니다. 그러나 공교육 제도가 도입되면서, 유대인 자녀들은 비유대인 학교에서 세속적 세계관과 문화를 접하게 되었고, 성경 교육은 방과 후의 부수적인 활동으로 밀려났습니다.

"다니엘은 뜻을 정하여 왕의 음식과 그가 마시는 포도주로 자기를 더럽히지 아니하리라 하고"(단 1:8)
바벨론 포로로 끌려간 다니엘과 친구들은 이방 교육을 받으면서도 신앙을 지켰습니다. 이는 세속적 환경에서도 성경 교육의 중요성을 강조합니다.

탈무드 바바 머찌아 85b에서는 다음과 같이 가르칩니다. "교육은 구원을 가져온다."
이는 어떤 상황에서도 교육의 기반이 신앙에 있어야 함을 강조합니다.

토라 임 데레흐 에레쯔 (Torah im Derech Eretz)

'토라 임 데레흐 에레쯔'는 '토라와 세속적 삶의 길'이라는 의미를 가지며, 랍비 삼손 라파엘 허쉬가 독일 유대인들을 위해 개발한 교육 철학입니다. 그는 유대인들이 독일 문화와 세속적 학문을 받아들이는 과정에서 성경 중심의 신앙을 잃어가는 것을 목격했습니다. 허쉬는 성경이 모든 교육의 기초가 되어야 하며, 일반 교육과 성경 교육이 조화를 이룰 수 있음을 보여주었습니다.

허쉬는 성경과 일반 학문이 대립하지 않으며, 함께 병행될 수 있다고 주장했습니다. 그는 유대인이 세속적 삶 속에서도 신앙을 지키며 살아갈 수 있는 방안을 제시했습니다.

"주의 말씀은 내 발에 등이요 내 길에 빛이니이다"(시 119:105).

허쉬의 교육 철학은 토라를 삶의 빛으로 삼으며, 이를 기반으로 세속적 학문을 배우는 것이 가능함을 보여줍니다.

탈무드 버라호트 35b에는 다음과 같이 가르칩니다. "세속적 일과 토라 공부는 조화를 이루어야 한다."
이는 허쉬의 철학이 유대교 전통에 깊이 뿌리내린 접근 방식임을 보여줍니다.

'토라 임 데레흐 에레쯔'는 독일 유대인들이 신앙적 정체성을 유지하면서도 세속적 학문을 추구할 수 있는 길을 열어주었습니다. 이 모델은 독일 내 유대교 정통주의의 재건을 가능하게 했습니다.

일반 교육 vs. 성경 교육

일반 교육과 성경 교육은 목적이 다릅니다. 일반 교육은 세속적 성공을 목표로 하며, 경제적, 사회적, 문화적 성취를 중요하게 여깁니다. 반면, 토라 교육은 영적 성장과 내세를 준비하는 데 초점을 맞춥니다.
"너희는 먼저 그의 나라와 그의 의를 구하라. 그리하면 이 모든 것을 너희에게 더하시리라"(마 6:33).
이는 세속적 필요보다 영적 교육이 우선임을 보여줍니다.

미쉬나 아보트 3:21절에서는 다음과 같이 가르칩니다. "토라가 없는 곳에는 빵도 없고, 빵이 없는 곳에는 토라도 없다."
이는 세속적 필요와 영적 성장 간의 균형을 강조한 것입니다.

핵심적인 차이점으로 일반 교육은 현재 세상을 준비하는 데 초점이 맞춰져 있으며, 개인의 잠재력을 세속적 관점에서 최대한 발휘하는 것을 목표로 합니다. 성경 교육은 내세를 준비하며, 토라의 가르침에 따라 삶을 살아가도록 돕습니다.

이 두 교육은 상호 배타적이지 않으며, 서로를 보완할 수 있습니다. 성경 교육은 일반 교육을 신앙적 관점에서 이해하고 활용하도록 도와줍니다.

부모의 역할과 학교 선택

부모는 자녀의 교육에서 가장 중요한 역할을 맡고 있습니다. 부모가 어떤 학교를 선택하느냐는 자녀의 신앙과 정체성 형성에 직접적인 영향을 미칩니다. 토라 교육과 일반 교육 간의 균형은 부모의 신중한 선택에 달려 있습니다.

"내 아들아, 네 아비의 훈계를 들으며 네 어미의 법을 떠나지 말라"(잠 1:8).
이는 부모의 가르침이 자녀 교육의 근본임을 보여줍니다.
"아버지는 자녀를 가르칠 책임이 있다"(Kidd. 30a).
이는 교육이 단순히 학교의 일이 아니라 부모의 신성한 의무임을 강조합니다.

구체적 가르침

부모는 자녀가 다니는 학교의 철학과 커리큘럼에 대해 철저히 검토해야 하며, 자녀가 신앙과 세속적 지혜를 모두 배울 수 있는 환경을 만들어야 합니다.
만약 부모가 일반 세속적 교육에만 관심을 두면, 자녀는 세속적 가치에 중점을 두게 될 것입니다. 반대로, 부모가 토라 교육을 우선시한다면 자녀는 신앙적 정체성을 확립하는 데 도움을 받을 것입니다.

부모는 자녀 교육과 관련해 전문가나 지역 랍비의 조언을 구하는 것이 유익합니다. 이는 자녀가 단순히 부모의 뜻을 따르는 것이 아니라, 공동체와 신앙 전통 안에서 성장하도록 돕는 길이 됩니다.

유대인의 토라 교육 방식, 그 역사적 배경, 그리고 교육의 목적과 방향을 깊이 있게 연구하여 신앙 교육이 세속적 교육과 어떻게 조화를 이룰 수 있는지를 연구하는 것은 중요합니다. 모든 성경 교육의 근본은 자녀를 하나님의 말씀에 따라 양육하고, 그들이 신앙적 정체성을 확립하며 살아가도록 돕는 데 있습니다.

이처럼 유대인들이 성경 교육과 일반 교육이 어떻게 조화를 이룰 수 있는지 연구한 것을 토대로 기독교인들도 교회에서 성장하는 2세들을 어떻게 교육해야 하는지 깊이 연구해야 합니다. 그래서 이 사회가 필요로 하는 하나님의 사람으로 세우는 교육을 해야 합니다. 하나님의 사람으로, 이 세상에 꼭 필요한 사람으로 우리의 자녀를 세우는 교육을 할 때 하나님의 나라는 확장되어 갈 것입니다.

신앙 교육과 부모의 역할

학교 교육의 성공 또는 실패는 학교의 설립 정신과 교사의 역할에 크게 좌우됩니다. 학교가 어떤 가치관을 중심으로 운영되는지, 그리고 교사들이 자신이 가르친 내용을 실제 사회에서 어떻게 실천하는지가 교육의 효과를 결정하는 중요한 요소입니다. 그러나 교육의 궁극적인 성공 여부는 결국 부모가 교육의 중심을 어디에 두느냐에 달려 있습니다.

부모는 학교에서 배우는 모든 것이 아이에게 영향을 미친다는 사실을 인식하고, 자녀의 교육 과정에 적극적인 관심을 기울여야 합니다. 학교의 교육 과정(커리큘럼)에 대해 진정한 관심을 가지지 않는다면, 자녀는 자연스럽게 자신이 배우는 내용을 필터 없이 받아들이게 됩니다. 만약 부모가 일반 세속적 교육에 더 큰 흥미를 보이고 신앙 교육을 소홀히 한다면, 아이는 필연적으로 세속적 가치에 더 큰 영향을 받을 것입니다. 이 경우, 성경적 가치관을 바탕으로 하는 히누흐(교육)의 영향력은 크게 제한될 수밖에 없습니다.

한편, 어떤 환경에서는 부모가 자녀의 신앙 교육을 자유롭게 선택할 수 없는 경우도 있습니다. 예를 들어, 학교 선택의 자유가 없는 지역에서는 부모가 자녀를 특정 학교에 보낼 수밖에 없으며, 이로 인해 신앙 교육의 방향을 직접 조율해야 하는 상황이 발생할 수 있습니다. 이러한 경우, 부모(특히 아버지)는 자녀의 신앙적 성장을 위해 개인적으로 어떻게 히누흐(교육)를 담당해야 할지 고민해야 합니다.

만약 아버지가 자녀의 신앙 교육을 직접 담당하기로 결정한다면, 반드시 적절한 신앙적 지도와 교육 훈련을 받아야 합니다. 신앙 교육은 단순한 정보 전달이 아니라, 삶을 통해 본을 보이며 신앙을 실천하는 과정이기 때문입니다. 그렇지 않으면, 학교 교육과 가정 교육의 충돌 속에서 아이가 신앙적 가치를 잃어버릴 위험이 있습니다.

또한 아버지는 자녀의 교육이 장기적으로 미치는 영향을 고려해야 합니다. 어릴 때는 부모의 가르침을 자연스럽게 따르지만, 성장하면서 학교 교육이 가르치는 가치와 가정 교육이 강조하는 신앙적 가치가 충돌할 경우, 아이는 결국 학교의 가르침을 더 신뢰할 가능성이 높아집니다. 그러므로 부모는 자녀의 교육 방향에 대해 충분한 확신이 서지 않을 경우, 신앙 교육 전문가의 조언을 구하는 것이 바람직합니다.

자녀를 위한 신앙 교육의 최종적인 결정은 아버지 혼자가 아니라, 반드시 어머니와 함께 논의하여 내려야 합니다. 어머니는 아버지가 놓치기 쉬운 부분을 더욱 세심하게 파악할 수 있으며, 부부가 함께 논의하고 조율할 때, 자녀에게 가장 적절한 신앙적 환경을 제공할 수 있습니다. 신앙 교육이 효과적으로 이루어지기 위해서는 부모가 함께 노력하여 가정과 학교 교육이 조화를 이루도록 해야 합니다.

Educational Principles

제10장

부모를 공경하는 유대인 히누흐(חינוך, 교육)

제10장
부모를 공경하는 유대인 히누흐(, 교육)

⚜️

부모는 자녀가 아버지와 어머니를 존경하고 공경하도록 교육해야 할 책임이 있습니다. 이는 단순한 윤리적 가르침이 아니라, 하나님께서 주신 계명 중 하나로서 부모가 반드시 실천해야 하는 중요한 의무입니다. 이러한 교육은 일반 학교에서 배우는 윤리 교육의 일부이기도 하지만, 유대 전통에서는 보다 깊은 신앙적 의미를 갖습니다.

유대인의 미쯔바(계명)는 일반 교육과 달리, 자녀들에게 부모 공경과 경외의 중요성을 더욱 강조합니다. 부모를 공경하고 경외하는 것은 단순한 예절 교육이 아니라, 자녀가 하나님을 두려워하고 경외하는 태도를 배우도록 하기 위한 과정입니다. 따라서 부모는 하나님을 공경하는 모습을 자녀에게 직접 보여줌으로써 부모 공경과 경외를 가르쳐야 합니다. 부모가 신앙과 윤리를 삶으로 실천할 때, 자녀들도 자연스럽게 그 가치를 내면화하게 됩니다. 반대로 부모가 존경받지 못한다면, 자녀들에게 올바른 권위를 행사하기 어려울 것입니다.

성경적 교육이 성공하기 위해서는 그 핵심이 부모 공경과 밀접한 관계가 있음을 이해해야 합니다. 가정에서 부모가 존경과 경외를 받는 것은 단순한 권위의 문제가 아니라, 자녀 교육의 핵심 원리입니다. 부모를 공경하는 태도는 곧 하나님을 경외하는 신앙적 태도로 이어지며, 이는 신앙 교육의 중요한 토대가 됩니다.

부모의 역할과 자녀 교육

부모는 자녀에게 높은 윤리적 기준을 기대하지만, 동시에 자신이 먼저 그 기준을 실천해야 합니다. 단순히 말로 가르치는 것만으로는 충분하지 않으며, 부모가 직접 본보기가 되어야 합니다. 예를 들어, 부모가 타인을 대하는 태도, 감사의 표현, 권위를 행사하는 방식 등은 자녀에게 직접적인 영향을 미칩니다.

부모가 신앙과 윤리를 실천하는 모습을 보일 때, 자녀도 자연스럽게 그것을 따르게 됩니다. 반대로 부모가 존경받지 못하거나 일관되지 않은 모습을 보이면, 자녀는 부모의 권위를 따르기 어려울 것입니다. 따라서 부모는 자녀의 멘토이자 교사의 역할을 수행해야 하며, 신앙과 윤리적 가치를 스스로 실천해야 합니다.

어린 시절부터 자녀가 올바른 태도를 익히도록 하려면, 순종과 공경을 훈련하는 과정이 반드시 필요합니다. 교육은 단순한 가르침이 아니라, 지속적인 훈련을 통해 습관화되는 것입니다. 특히, 어릴 때부터 시작하는 교육이 효과적입니다.

자녀 교육의 시작 시점과 중요성

랍비 삼손 라파엘 히르쉬(Rabbi S. R. Hirsch)는 히누흐교육)의 시작 시점에 대해 다음과 같은 질문을 던졌습니다.

"몇 살에 우리는 자녀의 히누흐(교육)를 시작해야 하는가?"

많은 부모들은 아이가 어느 정도 성장하여 이해할 수 있을 때 교육을 시작해야 한다고 생각합니다. 그러나 실제로는 교육은 요람에서부터 시작하는데, 대략 두 살 정도의 시기부터 부모는 자녀에게 순종과 공경의 습관을 가르쳐야 합니다.

만약 부모가 초기 교육에서 자녀를 올바르게 훈련시키는 데 성공한다면, 이는 자녀의 삶 전반에 긍정적인 영향을 미칠 것입니다. 올바른 훈육을 받은 자녀는 신앙, 윤리, 도덕 등 모든 면에서 자연스럽게 바른 길을 따르게 됩니다. 그러나 만약 부모가 초기 몇 년 동안 훈육을 소홀히 한다면, 올바른 히누흐(교육)를 확립하는 것이 점점 더 어려워질 것입니다.

교육의 성패는 부모가 처음부터 얼마나 신중하고 일관된 태도로 임하느냐에 달려 있습니다. 자녀는 부모가 어떤 가치관을 가지고 있는지, 그것을 얼마나 실천하는지를 보고 배웁니다. 만약 부모가 자녀를 지도하는 과정에서 일관성을 잃거나 감정적으로 대한다면, 자녀는 부모의 권위를 존중하지 않게 될 것입니다.

이처럼 부모 공경은 단순한 윤리 교육이 아니라, 신앙적 가치와 가정 교육의 핵심 요소입니다. 자녀는 부모가 보여주는 행동과 태도를 보고 배우며 성장하기 때문에, 부모는 스스로 모범을 보이며 자녀 교육에 임해야 합니다. 특히 어린 시절부터 일관된 교육과 훈육이 이루어질 때, 자녀는 자연스럽게 부모를 존경하고 신앙적 가치를 내면화할 수 있습니다.

　결국, 자녀 교육의 핵심은 부모 자신의 태도와 실천에 달려 있습니다. 부모가 먼저 신앙과 윤리를 실천하고, 자녀에게 모범을 보일 때, 자녀는 자연스럽게 올바른 길을 따르게 될 것입니다. 부모 공경을 기반으로 한 히누흐(교육)는 가정과 신앙 공동체를 더욱 건강하게 만들며, 하나님을 경외하는 삶으로 이어지는 중요한 과정입니다.

부모 공경의 중요성

　부모 공경은 성경과 유대 문헌에서 중요한 계명 중 하나로, 하나님과 인간의 관계를 반영하며 신앙과 도덕적 삶의 기초로 여겨집니다. 출애굽기 20:12절에 명시된 "네 부모를 공경하라"는 십계명 중 다섯 번째 계명으로, 하나님과 관련된 계명의 마지막 계명으로 나타나며, 하나님께 대한 경외와 순종의 태도가 부모 공경을 통해 훈련됨을 가르쳐 줍니다. 이는 단순히 가족 내 도리를 가르치는 것이 아니라, 하나님께 대한 경외심을 배우고 실천하는 데 중점을 둡니다.

　유대 문헌에서 탈무드 키두신 31b에 보면, 부모 공경은 단순한 인간적 존중을 넘어, 하나님과 부모가 "생명의 세 동반자"임을 인정하는 행위로 간주됩니다. 자녀는 아버지와 어머니를 통해 창조주 하나님의 손길을 경험하며, 부모 공경을 통해 하나님을 공경하는 훈련을 받습니다.

　미드라쉬 출애굽기 라바 1:1절은 부모를 공경하는 것을 하나님의 명령에 순종하는 행위로 연결하며, 부모를 공경하지 않는 자는 하나님께 반항하는 것과 같다고 가르칩니다.
　출애굽기 20:12절의 "네 부모를 공경하라. 그리하면 네 하나님 여호와가 네게 준 땅에서 네 날이 길리라"는 이 계명은 부모 공경이 장수와 축복의 약속과 연결되어 있다는 것을 분명하게 가르쳐 줍니다.

레위기 19:3절의 "너희 각 사람은 부모를 경외하고 나의 안식일을 지키라. 나는 너희 하나님 여호와니라"는 부모 공경과 하나님 경외가 연결되며, 부모를 존중하는 것이 곧 하나님을 존중하는 행위임을 가르칩니다. 사실 경외라는 단어는 하나님께만 사용하는 단어인데 부모 경외에 사용되고 있다는 것은 놀라운 일입니다.

신명기 5:16절의 "네 부모를 공경하라. 그리하면 네 하나님 여호와가 명령한 대로 네가 잘되고 네 날이 길리라"는 부모 공경의 직접적 보상으로 자녀의 복지와 장수를 약속하고 있는 말씀입니다.

구체적 예시

창세기 9:20-27절을 보시면, 노아의 아들 함이 아버지 노아의 수치를 조롱한 사건은 부모 공경의 중요성을 보여줍니다. 함은 저주를 받았고, 반대로 형제였던 셈과 야벳은 아버지를 존중함으로 복을 받았습니다.

잠언 23:22절을 보시면, "네 아비에게 순종하고, 네 늙은 어미를 업신여기지 말라" 하였는데, 이는 부모를 존중하고 돌보는 것이 자녀의 기본적인 책임이라는 사실을 강조하여 가르쳐 줍니다.

부모 공경 미쯔바(מצוה, 계명)의 목적: 하나님 경외와 연결

부모 공경의 미쯔바는 단순히 예의범절을 배우는 것이 아니라, 하나님을 경외하고 그분의 권위를 인정하는 태도를 훈련하는 데 있습니다. 부모를 통해 자녀는 하나님께서 주신 권위를 경험하며, 이를 통해 하나님께 대한 경외심과 순종을 자연스럽게 배워갑니다.

탈무드 키두신 30b는 "아버지와 어머니는 하나님의 대리자이며, 자녀는 이들을 공경함으로 하나님께 대한 경외를 배운다"고 아주 분명하게 가르쳐 주고 있습니다.

미쉬나 아보트 3:10절은 부모 공경을 소홀히 하면 하나님의 심판을 받는다고 경고하며, 부모 공경이 곧 하나님의 명령에 순종하는 핵심적인 행동임을 강조하여 가르쳐 줍니다.

잠언 1:8-9절은 "내 아들아, 네 아버지의 훈계를 들으며 네 어머니의 법을 떠나지 말라. 이는 네 머리의 아름다운 관이요, 네 목의 금사슬이니라" 라고 기록되어 있습니다. 이는 부모의 가르침이 자녀의 삶을 아름답고 복되게 만드는 기초라고 설명하는 것입니다.

잠언 6:20-22절에 "네 아버지의 명령을 지키며 네 어머니의 법을 떠나지 말라. 그것을 항상 네 마음에 새기고 네 목에 매라" 하였는데, 이는 부모의 가르침을 따르는 것이 자녀의 길을 안전하고 복되게 인도한다고 가르치는 것입니다.

부모의 역할: 모범과 지도

부모는 자녀에게 단순히 말로 가르치는 것이 아니라, 자신의 행동으로 모범을 보여야 합니다. 랍비 삼손 라파엘 허쉬는 "자녀는 부모의 행동에서 하나님을 향한 경외심과 순종을 배운다"고 강조했습니다. 부모는 자녀에게 존경받기 위해 먼저 스스로 존경받는 삶을 살아야 합니다.

탈무드 키두신 29a는 "부모는 자녀의 삶에 본을 보여야 하며, 자녀가 부모를 존경하게 하는 것은 부모의 책임이다"라고 하며, 예루살렘 탈무드 페이아는 부모를 존경하지 않는 자녀는 하나님의 명령에 순종하지 않는 자로 간주된다고 가르칩니다.

사무엘하 15:1-6절에서 압살롬은 아버지 다윗을 존경하지 않고 반역했으며, 이는 다윗이 아버지로서 권위와 통제를 상실한 결과로 나타났습니다.

창세기 37:3-4절에서 야곱이 요셉을 편애한 결과, 형제들 간의 갈등이 생겨 요셉에 대한 형제애가 사라지는 문제가 발생했습니다. 이는 부모의 행동이 자녀들 간의 관계와 형제사랑에 직접적인 영향을 미친다는 교훈을 줍니다.

훈육의 시작 시기

랍비 허쉬는 "언제 교육을 시작해야 하는가?"라는 질문에 대해 "아이가 이해력을 갖기 전부터 순종과 권위를 훈련시키는 것이 중요하다"고 말했습니다. 이는 아이가 논리적으로 이해하기 전에, 올바른 습관과 태도를 익히도록 돕는 것이 교육의 기초가 된다는 의미입니다.

탈무드와 미쉬나 역시 어린 시절의 훈육이 자녀의 성품을 결정짓는 중요한 요소라고 강조합니다. 탈무드 키두신 29a에서는 부모가 자녀의 초기 몇 년 동안, 즉 "순수하고 교정 가능한 상태"에서 훈육을 시작해야 한다고 가르칩니다.

이 시기를 놓치면 자녀의 성품 형성에 어려움이 있을 수 있습니다.

미쉬나 아보트 5:21절에서는 교육의 단계를 구체적으로 제시하며, "다섯 살에는 성경을 배우고, 열 살에는 미쉬나를 배우는 나이"라고 말합니다. 이는 연령별 학습 과정을 통해 훈육의 중요성을 강조하는 것입니다.

신명기 6:6-7절에서는 "이 말씀을 너는 마음에 새기고, 자녀에게 부지런히 가르치며…"라고 기록되어 있습니다. 이 말씀은 부모가 하나님의 말씀을 지속적으로 가르쳐야 하며, 이를 통해 자녀의 신앙과 삶의 기초를 세워야 한다는 가르침을 줍니다.

잠언 22:6절의 "마땅히 행할 길을 아이에게 가르치라. 그리하면 늙어도 그것을 떠나지 아니하리라."는 이 말씀은 어릴 때부터 올바른 길을 가르치는 것이 자녀의 평생에 영향을 미친다고 강조하여 가르치는 말씀입니다.

부모 공경 교육의 목표

부모 공경의 교육은 앞에서 말한것과 같이 단순히 가족 간의 예절을 가르치는 것이 아니라, 하나님께 대한 경외심을 배우고 실천하는 신앙 훈련입니다. 랍비 하잘(Chazal)은 "사랑과 훈육의 균형이 부모 공경 교육의 핵심"이라고 가르치며, 부모는 자녀에게 권위를 행사함과 동시에 사랑으로 그들을 대해야 한다고 충고합니다.

부모 공경의 교육은 부모의 모범, 초기 훈육, 그리고 하나님의 말씀을 중심으로 이루어질 때, 자녀가 하나님께 순종하며 복된 삶을 살도록 돕는 강력한 도구가 됩니다.

균형 잡힌 히누흐(חינוך, 교육)

히누흐(교육)의 핵심은 훈육과 사랑의 균형에서 나옵니다. 교육은 지나치게 엄격하거나 사랑만으로 이루어질 때 실패할 가능성이 높습니다. 지나친 엄격함은 자녀의 진정한 인간성을 파괴하고 심리적 불안을 초래할 수 있으며, 반대로 지나친 허용은 자녀에게 권위의 개념을 심어주지 못합니다.

유대 문헌과 탈무드는 이 균형 잡힌 교육의 중요성을 강조하며, 올바른 히누흐(교육)를 통해 자녀가 하나님과 부모, 그리고 공동체를 존중하도록 이끌어야 한다고 가르칩니다.

균형 잡힌 교육의 원칙

훈육: 부모는 자녀가 순종과 책임감을 배우도록 이끌어야 합니다. 훈육은 단순히 자녀를 통제하는 것이 아니라, 자녀가 올바른 도덕적, 영적 선택을 할 수 있도록 돕는 과정입니다. 탈무드 키두신 29a는 부모의 훈육에 대해, "부모는 자녀에게 토라를 가르치고, 윤리적 기준과 하나님의 명령을 따르도록 지도해야 한다"고 명시합니다.

사랑: 훈육은 사랑을 바탕으로 해야 하며, 부모의 권위는 자녀에 대한 사랑과 관심에서 비롯되어야 합니다. 미드라쉬(출애굽기 라바 44:1)는 "하나님께서 이스라엘을 훈계하실 때에도 항상 사랑으로 감싸셨다"고 가르칩니다. 부모는 이 하나님의 본보기를 따라야 합니다.

독립 준비: 자녀가 성인이 되었을 때 독립적으로 살아갈 수 있도록 준비시키는 것이 교육의 목표입니다. 미쉬나 아보트 5:21절에서 "자녀는 그가 성인이

되었을 때 하나님의 일을 위해 살아갈 준비가 되어야 한다"고 강조하며, 독립적인 영적, 도덕적 삶의 중요성을 가르칩니다.

잠언 22:6절에 "마땅히 행할 길을 아이에게 가르치라. 그리하면 늙어도 그것을 떠나지 아니하리라"라고 기록되어 있습니다. 이는 부모가 자녀에게 올바른 길을 가르치는 것이 중요하며, 이는 자녀의 평생에 걸쳐 영향을 미친다는 것을 보여줍니다.

신명기 6:6-7절에 "이 말씀을 너는 마음에 새기고, 자녀에게 부지런히 가르치라"는 말씀에서 부모는 자녀에게 하나님의 말씀을 지속적으로 가르침으로 자녀의 신앙과 인격을 형성해야 합니다.

존경심의 연속성: 가정에서 학교로

가정에서의 부모 존경 훈련은 학교와 사회에서의 권위 존중으로 이어집니다. 부모를 존경하도록 훈련받은 아이는 학교에서도 선생님의 권위를 쉽게 받아들이고 존중합니다. 반면, 가정에서 존경 훈련이 부족한 아이는 학교에서 권위에 눌려 억지로 따를 뿐, 진정한 학습 동기를 갖기 어렵습니다.

탈무드 버라호트 7b는 "가정에서의 훈련은 아이가 사회에서 타인을 존중하는 태도를 결정한다"고 가르칩니다. 그리고 미쉬나 아보트 4:1절은 "지혜로운 사람은 모든 사람을 존중하는 자다"고 하는데, 이는 가정에서 배운 존경심이 사회적 관계와 학습 동기에 직접 영향을 미친다는 점을 강조합니다.

잠언 1:8-9절을 읽어 보면, "내 아들아, 네 아버지의 훈계를 들으며 네 어머니의 법을 떠나지 말라" 합니다. 이는 부모의 가르침이 자녀의 도덕적 기준을 세우며, 이후 선생님과 사회적 지도자를 존경하는 태도로 이어진다라는 것입니다.

신명기 4:9-10절을 읽어 보면, 하나님은 이스라엘에게 "너희 자녀와 자손에게 하나님의 말씀과 권위를 가르치라"고 명령하시며, 가정에서의 교육이 사회적 존중의 기초가 됨을 보여주십니다.

실천적 사례: 부모와 선생님의 협력

어느 어머니가 자신의 자녀가 부모 말을 듣지 않는다며 랍비 삼손 라파엘 허쉬를 찾아왔습니다. 이에 랍비 허쉬는 이렇게 대답했습니다.

"10년 동안 아이가 원하는 대로 내버려 두었으면서, 이제 와서 아이가 당신의 말을 듣기를 기대하십니까?"

이 일화는 초기 교육의 중요성과 일관된 훈육이 얼마나 결정적인지 가르쳐 주는 랍비의 가르침입니다.

선생님은 선생님이기 때문에 자동적으로 존경받을 것이라고 당연하게 생각해서는 안 됩니다. 아이들은 선생님을 존경하는 교육과 훈련을 받아야 하며, 존경함을 표현하는 방법을 배워야 그들은 선생님에 대한 존경심을 표현할 수 있습니다. 선생님은 학급의 학생들에게 선생님이 기대하는 행동의 기준을 가르쳐야합니다. 그리고 그 기준대로 선생님이 먼저 행하여야 합니다.

부모를 존경하는 훈련을 받은 아이는 학교에 입학해서, 선생님의 권위를 더욱 쉽게 따르게 됩니다. 그러나 가정에서 존경하는 훈련이 안 된 아이는 학교 생활에 적응하는데 매우 힘들어 합니다. 이런 아이는 겨우 마지못해 선생님에게 복종할 것입니다. 존경이 아니라 권위에 눌려 생각없이 자신의 안위를 위하여 따를 뿐입니다.

큰 범주에서 학교의 발전의 척도는 학생이 선생님에 대한 존경의 척도에 달려있습니다. 학교가 좋은 학교인가 하는 척도는 학생이 선생님을 얼마나 존경하느냐에 달려 있습니다. 학생과 선생님의 좋은 관계는 학생들로 하여금 자발적인 학습을 하도록 학생을 학습의 장으로 이끌어냅니다. 지혜로운 부모는 이 사실을 알고 있습니다.

부모는 선생님의 권위를 옹호하며, 부모는 자녀가 선생님을 존경하도록 그 위치에 데려다 놓고 훈련하여야 합니다. 이러한 가정의 교육지원이, 아이의 학교 재학 생활 내내 유지된다면, 선생님 혹은 랍비는 교육을 하며 순종과 존경과 경외를 강조할 수 있습니다. 그리고 이것은 아이에게 계속적으로 유익을 남기게 되고, 아이는 결국 부모의 인생에서 중요한 인물이 됩니다. 한 이야기를 읽어 보겠습니다.

한 아이가 홀어머니에게 불평을 하였습니다. 아이의 사소한 잘못 때문에 선생님이 자신을 심하게 혼내셨다고 하였습니다. 그러자 이 어머니는 아이의 불평을 주의 깊게 듣고 난 다음 선생님에게 편지를 썼습니다.
"선생님이 선생님의 고유한 방식대로 아이를 이끌어 주세요"라고 적혀 있는 편지가 다음날 선생님에게 전해졌습니다. 선생님은 편지를 힐끗 보았습니다.

그러나 아이는 또 다른 꾸지람을 받았습니다.

당황한 아이는 화가 나서 집으로 돌아와 어머니에게 속상한 마음을 끄집어 내며 불평했습니다. 그러자 어머니는 놀란 아이에게 다음과 같이 설명하였습니다.

"네가 첫 번째로 꾸지람을 받은 것은 네가 잘못했기 때문이다.
두 번째로 꾸지람을 받은 이유는 엄마의 편지 때문이란다.
왜냐하면 너는 선생님이 무슨 말씀을 하든지 잘 들어야하고 나에게 와서 불평하지 말아야 하기 때문이란다."

이러한 어머니 아래서 성장한 아이는 나중에 저명한 학교 교장이 되었습니다.

예루살렘 탈무드 페이아는 "부모가 선생님의 권위를 인정하지 않는다면, 자녀도 그 권위를 존중하지 않을 것"이라고 가르칩니다. 부모와 선생님의 협력은 자녀의 올바른 성장에 필수적입니다.

히누흐(교육)의 성공은 훈육과 사랑의 균형, 부모의 모범적인 태도, 초기 교육의 중요성을 깊이 이해하는 데 달려 있습니다. 또한 부모는 자녀의 교육에서 하나님께 대한 경외와 존경심을 가르치는 중요한 역할을 하며, 이를 위해 사랑과 훈육의 적절한 조화를 이루어야 합니다.

랍비 하잘(Chazal)은 "사랑이 없는 훈육은 반항을 낳고, 훈육이 없는 사랑은 방종을 낳는다"고 가르칩니다. 또한 부모는 자녀에게 권위를 행사할 때, 부드럽고 설득력 있는 태도로 자녀가 이를 수용할 수 있도록 해야 합니다.

다음 성경은 가정에서 부모가 자녀를 어떻게 가르쳐야 하는지 그 기본 원리를 아주 간략하게 설명해 줍니다.

신명기 6:7절과 잠언 29:17절의 가르침

신명기 6:7절의 "자녀에게 부지런히 가르치며…" 이 구절은 부모가 하나님의 말씀을 단순히 가르치는 것이 아니라, 일상의 모든 순간에 이를 반복적으로 심어주어야 함을 강조합니다. 신명기 6:6-9절 전체를 보면, 부모는 자녀에게 하나님의 계명을 가르칠 때, 집에 앉아 있을 때나 길을 갈 때나 누워 있을 때나 일어날 때까지 지속적으로 가르쳐야 한다고 합니다.

즉, 교육은 단순한 지식 전달이 아니라 삶 속에서 자연스럽게 이루어져야 한다는 뜻입니다. 유대 전통에서는 이 말씀을 따라 부모가 자녀에게 하나님의 말씀을 가르치는 것이 신앙 교육의 핵심적인 책임으로 여겨졌습니다.

"네 자식을 징계하라. 그러하면 그가 네게 평안을 주겠고 네 마음에 기쁨을 줄 것이다."(잠 29:17)

이 구절은 자녀를 올바르게 가르치고 훈육하는 것이 결국 부모와 자녀 모두에게 유익함을 의미합니다. 여기서 '징계'라는 단어는 단순한 처벌이 아니라, 올바른 길로 인도하기 위한 사랑의 지도와 훈육을 뜻합니다. 성경에서 훈육은 아이를 억압하거나 강제하는 것이 아니라, 바른 길을 가르쳐 주고 스스로 바른 선택을 하도록 돕는 과정입니다.

교육은 실천하기 위함이다

부모와 선생님의 협력을 통해 자녀는 존경과 권위를 배우고, 하나님을 경외하는 마음과 순종하는 태도를 익힙니다. 신앙 교육은 단순한 교리 교육이 아니라, 삶의 모든 영역에서 하나님의 가르침을 실천하는 것이 핵심입니다. 이렇게 신앙과 윤리를 배우며 성장한 아이는 결국 성숙하고 자립적인 인격체로 자라나며, 이는 부모와 자녀 모두에게 기쁨이 됩니다.

Educational Principles

제 11 장

즐겁게 토라(תּוֹרָה)를 배우기: 토라(תּוֹרָה)는 생명나무

제11장

즐겁게 토라(תוֹרָה)를 배우기:
토라(תוֹרָה)는 생명나무

토라(תוֹרָה) 교육에서의 기쁨과 배려: 아이를 위한 교육의 원칙

아이에게 토라를 처음 가르칠 때 그 경험이 즐거운 기억으로 남는 것은 매우 중요합니다. 잠언 22:6절은 이렇게 말씀합니다.

"아이에게 그가 마땅히 가야 할 길을 가르치라. 그리하면 늙어도 그것을 떠나지 아니하리라."

이는 아이가 어릴 때 경험한 교육이 평생 동안 그의 신앙과 태도를 형성하는 데 결정적인 영향을 미친다는 사실을 강조합니다. 특히, 토라는 단순한 지식이 아니라 삶과 신앙의 본질입니다. 따라서 토라를 배우는 과정은 즐겁고 기쁨으로 가득 차야 합니다. 아이가 토라를 처음 접할 때 느끼는 기쁨은 하나님과의 관계를 형성하는 첫걸음이며, 올바른 신앙의 길로 이끄는 중요한 기초가 됩니다.

토라(תּוֹרָה) 학습에서 즐거움의 중요성

시편 119:103절은 하나님의 말씀을 이렇게 묘사합니다.
"주의 말씀의 맛이 내게 어찌 그리 단지요. 내 입에 꿀보다 더 달도다."

이 구절은 하나님의 말씀이 아이에게도 달고 기쁘게 전달될 때, 아이가 말씀을 사랑하게 된다는 것을 보여줍니다. 유대 전통에서도, 아이가 처음으로 토라를 배우는 날 꿀에 적신 글자나 음식을 아이의 입에 넣어주며 말씀이 얼마나 달콤한 것인지 체험하게 하는 풍습이 있습니다. 이를 통해, 아이는 토라를 배우는 것이 단순히 의무가 아니라, 즐거운 특권임을 느끼게 됩니다.

랍비 라쉬(Rashi)는 부모와 선생님이 아이가 배움을 기쁘게 여길 수 있도록 격려해야 한다고 말하며, 학습 환경에서 즐거움을 강조했습니다. 아이가 자발적으로 토라 학습에 참여하도록 하기 위해, 부모와 선생님은 다양한 창의적이고 유쾌한 방법을 연구해야 합니다. 이 방법은 단순한 교육이 아니라, 아이의 마음에 말씀의 기쁨을 심어주는 과정이어야 합니다.

부모와 교사의 역할: 배려와 사랑

부모, 랍비, 선생님 등 누구든지 아이를 가르칠 수 있지만, 반드시 사랑과 배려로 기분 좋은 분위기를 만들어야 합니다. 신명기 6:7절은 이렇게 말씀합니다.
"네 자녀에게 부지런히 가르치며, 집에 앉았을 때든 길을 갈 때든 누웠을 때든 일어날 때든 이 말씀을 강론하라."

이 명령은 단순히 지식을 반복해서 주입하라는 것이 아닙니다. 이는 부모가 일상 속에서 자연스럽고 친근하게 하나님의 말씀을 전달하라는 의미를 담고 있습니다. 억지로 강요하는 것이 아니라, 아이가 편안하고 안전하게 느낄 수 있는 환경에서 토라를 가르쳐야 합니다.

미쉬나 아보트 1:12절은 "하나님의 피조물들을 사랑하고, 그들을 토라로 이끌라"고 가르칩니다. 이는 아이를 가르칠 때도 사랑과 인내로 다가가야 함을 보여줍니다. 사랑은 아이가 토라를 배우는 기쁨과 열정을 지속하도록 돕는 가장 중요한 요소입니다.

표정과 태도의 중요성

아이들은 부모나 선생님의 표정을 가장 먼저 관찰합니다. 시편 34:5절은 이렇게 말씀합니다.

"그들이 주를 바라보니 기쁨에 빛났으며 그들의 얼굴은 부끄럽지 아니하리로다."

이는 가르치는 사람이 먼저 기쁨으로 충만해야 아이에게 그 기쁨이 전달될 수 있음을 보여줍니다. 부모와 선생님이 기쁨으로 말씀을 가르칠 때, 아이도 자연스럽게 기쁨으로 배웁니다. 만약 가르치는 사람이 토라 학습을 의무감으로만 여긴다면, 아이는 토라를 사랑하지 못할 가능성이 큽니다. 미소와 따뜻한 태도는 단순한 학습 효과를 넘어, 아이의 신앙과 정서를 형성하는 데 매우 중요한 역할을 합니다.

사랑과 설득을 통한 교육

랍비들의 가르침에서는, 아이에게 배움의 즐거움을 심어주는 것이 부모와 교사의 중요한 역할로 강조됩니다. 라쉬(Rashi)는 부모와 교사가 아이가 올바른 일을 할 수 있도록 격려하고, 토라를 배우는 과정이 기쁨과 의미로 가득 차도록 도와야 한다고 말했습니다.

이 원칙은 창세기 33:14절에서 야곱이 자녀와 가족의 걸음에 맞춰 여정을 조정하는 모습과 연결됩니다. 야곱은 자신의 속도가 아니라, 자녀의 속도와 필요에 맞추어 그들을 인도했습니다. 이는 부모와 교사가 아이의 성장 속도와 관심사에 맞추어 교육을 조정해야 함을 보여줍니다. 아이들에게 학습의 부담을 주는 것이 아니라, 자연스럽게 배우고 성장할 수 있도록 돕는 것이 진정한 교육의 본질입니다.

라쉬(Rashi)는 또한 보상과 칭찬을 활용하여 아이가 자발적으로 배움에 참여하도록 유도해야 한다고 말합니다. 억지와 강요가 아닌 설득과 격려는 아이가 토라를 배우는 데 있어서 가장 효과적인 방식입니다.

토라 교육은 단순히 지식을 전달하는 것을 넘어, 아이의 마음에 하나님의 말씀에 대한 사랑과 기쁨을 심어주는 과정이어야 합니다. 이는 잠언 3:17절에서 묘사된 토라의 본질, 곧 "그의 길은 즐거운 길이요, 그의 모든 길은 평강이라"는 말씀과도 연결됩니다. 부모와 교사는 사랑과 배려로 아이를 가르쳐야 하며, 아이가 토라를 통해 삶의 즐거움과 평강을 발견할 수 있도록 돕는 역할을 해야 합니다.

또한, 토라 교육은 부모와 교사의 태도와 환경 조성에 따라 성공 여부가 결정됩니다. 신명기 30:14절은 "이 말씀이 네게 매우 가까워서 네 입에 있으며 네 마음에 있은즉 네가 이를 행할 수 있느니라"고 말씀합니다.

이는 토라가 단지 외적으로 주입되는 것이 아니라, 마음에 심겨질 때 비로소 효과적임을 보여줍니다. 부모와 교사의 사랑, 인내, 그리고 기쁨으로 가득한 교육은 아이가 평생 하나님의 말씀을 사랑하며 살아가도록 이끄는 초석이 될 것입니다.

배려와 설득을 중심으로 한 교육 접근

랍비들의 지혜는 아이를 지도할 때 배려와 설득이 중요하다고 강조합니다. 유대 교육 철학에서는 아이의 발달 단계와 감정적 필요를 존중하며, 억지로 학습을 강요하기보다 자발적으로 학습에 참여하도록 유도하는 방식을 중시합니다.

라쉬(Rashi)는 부모와 교사가 아이가 올바른 일을 수행하고 토라를 배우도록 돕는 역할을 해야 하며, 이를 위해 적절한 동기 부여와 격려가 필요하다고 가르쳤습니다. 이러한 교육 방식은 창세기 33:14절에서 야곱이 보여준 배려 깊은 인도 방식과 연결됩니다.

"내 주는 좀 앞서 가소서. 나는 아이들과 함께 천천히 걸으리니, 앞에 가는 가축과 아이들의 걸음에 맞추어 가다가 내 주께 나아가리이다"(창 33:14), 이 구절에서 야곱은 자신의 속도에 맞추어 걷는 것이 아니라, 자녀와 가축의 걸음을 배려하며 그들의 속도에 맞춰 여정을 조정합니다. 이는 아이의 필요와 상태를 고려하여 그들의 성장 속도에 맞추어 교육하는 것이 중요함을 보여줍니다.

아이의 속도와 준비 상태를 고려하지 않은 교육은 오히려 학습에 대한 부담을 주거나 반감을 일으킬 수 있습니다. 반면, 배려 깊은 접근은 아이가 스스로 배우고 탐구할 수 있도록 돕고, 이를 통해 학습에 대한 즐거움과 성취감을 느끼게 하는 최선의 방법입니다.

유대문헌에서도 비슷한 가르침이 발견됩니다. 미쉬나 아보트 5:21절에서는 각 연령에 따른 학습의 적절한 단계를 나열하며, "다섯 살에 성경 공부를 시작한다"고 말합니다. 이는 어린아이의 발달 상태에 맞는 학습을 제공해야 한다는 원칙을 제시합니다. 이러한 단계적 접근은 아이가 무리 없이 학습을 받아들이도록 돕습니다.

휴식의 중요성

전도서 3:1절은 이렇게 말씀합니다.
"범사에 기한이 있고, 모든 목적이 이룰 때가 있다."

이 말씀은 휴식과 학습의 균형을 강조하는 중요한 원리를 담고 있습니다. 학습이 중요한 만큼, 휴식 또한 아이의 성장과 발달에 필수적인 요소입니다. 아이가 놀이와 휴식을 통해 재충전할 수 있도록 돕는 것은 학습의 **효과**를 높이고, 아이가 학습을 지속적으로 즐길 수 있도록 합니다.

랍비들은 학습과 휴식의 균형을 깨뜨리는 것이 아이의 신체적, 정서적, 영적 건강에 해롭다고 경고합니다. 라쉬는 아이가 충분한 휴식을 취하지 못하거나 과도한 학습을 강요받을 경우, 학습을 혐오하거나 불안감을 느끼게 될 위험이 있다고 언급합니다.

이와 관련하여 탈무드 버라호트 35b는 학습과 세속적인 삶(휴식과 일)의 조화를 강조하며, 학습과 생활의 균형이 하나님의 축복을 누리는 길이라고 가르칩니다.

휴식이란 단순히 아무것도 하지 않는 시간이 아니라, 아이가 신체적, 정서적으로 회복되고, 마음의 여유를 되찾는 시간입니다.

시편 23:2절은 하나님의 인도를 받아 "푸른 초장에 누워 쉼을 얻는다"고 묘사합니다. 이는 아이들이 학습에서 벗어나 자연스러운 방식으로 놀이와 휴식을 경험할 때, 다시 활기를 되찾고 학습을 즐길 준비를 갖추게 된다는 사실을 보여줍니다.

놀이와 학습의 균형

놀이와 학습은 서로 대립되는 개념이 아니라, 조화를 이루어야 합니다. 신명기 11:19절은 자녀에게 말씀을 가르치되, 삶의 일상 속에서 자연스럽게 전달하라고 명령합니다.

"이 말씀을 너희 자녀에게 가르치며, 집에 앉았을 때든지 길을 갈 때든지 누웠을 때든지 일어날 때든지 말하라."

이 구절은 아이의 삶과 경험에 토라 학습을 자연스럽게 통합할 것을 요구합니다. 놀이와 학습은 단순히 분리된 시간이 아니라, 하나님의 말씀을 일상의 활동과 연결함으로써 조화를 이루어야 합니다.

유대문헌 미드라쉬 라바는 창조의 순서를 언급하며, 하나님이 천지를 창조하시고 일곱째 날에 쉬신 것을 강조합니다. 이는 놀이와 휴식의 중요성을 하나님께서 직접 본을 보이셨음을 시사합니다. 아이가 학습 중에도 놀이와 활동을 통해 쉼을 얻는 것은 신체적 재충전뿐만 아니라, 마음과 영혼의 평화를 제공하여 학습을 더 효과적으로 만듭니다.

일반 학교나 헤데르(חדר, 종교학교)에서의 학습 이후, 부모는 아이가 충분히 휴식하고 놀이를 즐길 수 있도록 해야 합니다. 만약 추가 학습이 필요하다면 억지로 강요하지 않고, 이를 특권처럼 소개하여 아이가 스스로 참여하도록 유도해야 합니다.

미쉬나 아보트 3:18절은 "무엇이든 기쁜 마음으로 행하는 것은 더욱 오래 지속되고, 더 좋은 결과를 낳는다"고 가르칩니다. 이는 아이가 억지로 학습하는 것이 아니라, 자발적으로 학습에 참여하도록 격려할 때 더 큰 만족과 효과를 얻을 수 있음을 보여줍니다.

배려와 설득은 아이에게 토라를 가르치는 데 있어 필수적인 접근 방식입니다. 창세기 33:14절에서 야곱이 자녀와 가축의 걸음에 맞추어 걷겠다고 한 것처럼, 부모와 교사는 아이의 발달 상태와 필요를 우선적으로 고려해야 합니다.

또한, 전도서 3:1절에서 언급된 바와 같이, 학습 못지않게 중요한 휴식의 시기와 목적을 인정해야 합니다. 신명기 11:19절은 학습과 일상의 조화를 이루는 원칙을 제시하며, 이를 통해 놀이와 학습의 균형을 유지할 수 있음을 보여줍니다.

유대문헌과 성경의 교훈은 한결같이 아이를 배려하고, 그 속도와 필요를 존중하며, 기쁨으로 학습에 참여하도록 이끄는 교육을 강조합니다. 부모와 교사가 이러한 원칙을 실천할 때, 아이는 하나님의 말씀을 배우는 것을 즐거운 경험으로 받아들이며, 평생 동안 신앙 안에서 성장할 수 있는 기초를 다질 수 있을 것입니다.

과도한 열정의 위험성

아버지나 부모가 지나치게 열정을 가지고 아이에게 최고의 히누흐(교육)를 제공하려고 할 때, 이는 아이에게 긍정적인 결과를 가져오기보다는 오히려 부정적인 영향을 미칠 수 있습니다. 탈무드와 미드라쉬를 비롯한 유대 전통은 지나친 교육 열정이 아이의 학습 동기를 약화시키고, 배움의 즐거움을 빼앗아갈 위험성을 경고합니다.

이에 대한 한 가지 예로, 랍비들은 다음과 같은 이야기를 전합니다.

어느 날 한 아버지가 유명한 랍비를 찾아가 불평을 하였습니다.

"랍비님, 제 아들이 왜 이렇게 토라 학습을 싫어하게 되었는지 모르겠습니다. 저는 그가 어릴 때부터 토라를 배우도록 온 힘을 다했습니다. 그런데 지금 그는 왜 이렇게 말씀을 멀리하려고만 하는 것입니까?"

이에 랍비는 다음과 같이 대답하였습니다.

"만약 아이가 어렸을 때 충분히 놀지 못했다면, 자라서 놀고 싶어지는 것은 당연한 일입니다."

이 이야기는 아이의 발달 과정에서 균형과 조화가 얼마나 중요한지를 가르쳐줍니다. 전도서 7:16절은 이렇게 경고합니다.

"지나치게 의로운 자가 되지 말며 스스로 지혜로운 체하지 말라. 어찌하여 스스로 멸망하겠느냐?"

이 말씀은 신앙적 열정이 과도할 경우, 본래의 목적을 상실하고 오히려 해로운 결과를 초래할 수 있음을 보여줍니다. 부모가 아이의 교육에 지나치게 열성적이거나 엄격하게 접근하면, 아이는 토라 학습 자체를 부담스럽게 느끼거나 반감을 가지게 될 위험이 있습니다.

토라(תּוֹרָה) 교육의 본질: 기쁨과 열정을 심어주는 과정

토라 교육은 단순히 지식을 전달하는 것이 아니라, 아이의 마음에 배움의 기쁨과 열정을 심어주는 과정이어야 합니다. 시편 78:4절은 이렇게 말씀합니다.

"우리가 이를 그들의 자손에게 숨기지 아니하고 여호와의 영예와 그의 능력과 그가 행하신 기이한 일을 후대에 전하리로다."

이 구절은 하나님의 말씀을 다음 세대에 전하는 것이 단순한 의무를 넘어, 하나님의 영광과 기쁨을 전하는 중요한 사명임을 강조합니다. 따라서 부모와 선생님은 단순히 학습의 양에 집중하기보다, 아이가 자발적으로 토라를 배우고 사랑하게 만드는 환경을 조성해야 합니다.

미드라쉬 라바는 부모가 아이에게 너무 일찍 무거운 학습을 강요할 경우, 아이가 결국 학습 자체를 회피하거나 반감을 가질 수 있다고 경고합니다. 또한, 탈무드 모에드 카탄 17a는 "어린아이를 가르칠 때는 나무를 부드럽게 다루듯이 해야 한다"고 가르칩니다. 이는 아이에게 강압적이거나 무리한 기대를 부과하지 말고, 그들의 성장 속도와 성격에 맞는 방식으로 인도해야 함을 의미합니다.

설득과 배려를 통한 접근

랍비 라쉬(Rashi)는 부모와 교사가 아이의 학습을 설득과 칭찬을 통해 유도해야 한다고 강조합니다. 이는 창세기 33:14절에서 야곱이 자녀와 가축의 걸음에 맞추어 여정을 조정하는 장면과 연결됩니다.

"내 주는 종 앞서 가소서. 나는 아이들과 가축의 걸음에 맞추어 천천히 가다가 내 주께 나아가리이다."

이 장면은 부모가 아이의 발달 상태와 감정적 필요를 고려하여 그 속도에 맞추는 교육 방식을 보여줍니다. 억지로 학습을 강요하지 않고, 아이의 관심과 속도에 맞추어 인내로 인도하는 방식이야말로 배움의 열정을 지속시키는 길입니다.

탈무드 버라호트 64a는 "기쁨 속에서 배운 토라만이 지속된다"고 가르칩니다. 따라서 부모와 교사는 학습 환경을 아이가 즐겁게 느낄 수 있는 방식으로 만들어야 하며, 이를 위해 격려와 작은 보상을 적극 활용해야 합니다.

휴식과 균형 잡힌 삶의 중요성

아이에게 충분한 휴식과 놀이 시간을 제공하는 것도 토라 교육에서 중요한 요소입니다. 전도서 3:1절은 이렇게 말씀합니다.

"범사에 기한이 있고, 모든 목적이 이룰 때가 있다."

이 말씀은 모든 활동에는 적절한 시기와 균형이 필요하다는 것을 가르칩니다. 아이는 학습뿐 아니라 놀이와 휴식을 통해 신체적, 정서적, 영적 에너지를 재충전할 기회를 가져야 합니다.

랍비들은 학습과 놀이가 대립적인 것이 아니라 서로 보완적이라고 가르칩니다. 탈무드 샤바트 119b는 "아이들이 뛰노는 소리가 하나님의 성전에서 들리는 것은 축복이다"라고 말합니다. 이는 아이들의 놀이와 자유가 건강한 영적 성장과 연결된다는 점을 시사합니다.

균형과 배려로 토라의 기쁨을 전하다

토라 교육은 단순히 지식을 주입하는 것이 아니라, 아이의 마음에 기쁨과 열정을 심어주는 과정입니다. 부모와 교사는 아이의 발달 속도와 필요를 존중하며, 설득과 배려를 통해 자발적인 학습을 유도해야 합니다. 충분한 휴식과 놀이의 시간을 제공하여 아이가 균형 잡힌 삶을 누릴 수 있도록 돕는 것도 필수적입니다.

시편 119:105절은 이렇게 말씀합니다.
"주의 말씀은 내 발에 등이요 내 길에 빛이니이다."

이 말씀처럼 토라는 아이가 평생 걸어갈 길을 밝히는 빛입니다. 부모와 교사가 배려와 사랑으로 아이를 가르칠 때, 아이는 토라를 통해 삶의 참된 기쁨과 영적 풍요를 누리며 살아가게 될 것입니다.

Educational Principles

제 12 장

순종하는 훈련

제12장
순종하는 훈련

순종 교육의 중요성

아이들은 부모의 합당한 명령에 보상 없이 순종하도록 훈련받아야 합니다. 이는 아이가 성장하며 책임감을 배우고, 성숙한 삶의 태도를 갖추는 데 매우 중요한 요소입니다. 에베소서 6:1절은 이렇게 말씀합니다.

"자녀들아, 주 안에서 너희 부모에게 순종하라. 이것이 옳으니라."

이 구절은 부모의 권위를 존중하고, 부모의 합당한 요구에 순종하는 것이 하나님께서 정하신 질서임을 보여줍니다.

순종 훈련은 아이가 할 수 있는 범위 내에서 이루어져야 하며, 부모는 합당한 이유가 있는 명령을 통해 아이가 자연스럽게 순종할 수 있도록 도와야 합니다. 순종 훈련은 아이의 능력과 감정 상태를 고려하며 진행되어야 하며, 아이의 의지를 억누르는 방식이 아니라 배려와 이해를 바탕으로 이루어져야 합니다.

순종 훈련의 실천 방법

아이에게 순종을 가르칠 때는 처음에 단순하고 쉬운 일을 통해 훈련을 시작해야 합니다. 부모는 아이에게 요청을 하기 전에 친절히 물어보고 시작하는 것이 중요합니다. 예를 들어, 복도에 있는 물건을 치우거나, 다른 방으로 물건을 옮기는 간단한 심부름을 요청하는 방식이 이에 해당합니다.

이는 아이가 부모의 요구를 받아들이는 과정에서 부담을 느끼지 않도록 하며, 순종하는 행동이 자연스럽게 습관화되도록 돕습니다. 시편 103:13절은 이렇게 말씀합니다.

"아버지가 자식을 불쌍히 여김같이 여호와께서는 자기를 경외하는 자를 불쌍히 여기시나니."

부모 역시 이와 같은 하나님의 마음으로 자녀를 배려하며, 순종 훈련을 부드럽고 긍정적인 방식으로 접근해야 합니다.

동기 부여의 활용

순종 훈련에서 보상이나 격려는 아이에게 과도한 부담을 주는 일을 요청할 때 신중하게 사용해야 합니다. 아이가 육체적으로 힘든 일을 하거나, 익숙하지 않은 상황에서 불안과 부끄러움을 느낄 때, 적절한 보상과 격려는 동기를 부여하는 유용한 방법이 될 수 있습니다.

예를 들어, 아이가 낯선 환경에서 어려움을 겪거나 자신감이 부족한 상태에서 새로운 일을 수행해야 할 때, 적절한 격려나 보상은 아이의 두려움을 줄이고 상황에 적응하도록 돕습니다. 이와 관련하여, 전도서 3:1절은 모든 일에 적절한 때가 있음을 가르칩니다.

"범사에 기한이 있고 천하 만사가 다 때가 있나니" (전 3:1).

부모는 아이에게 격려나 보상을 제공하는 시기와 방법을 지혜롭게 판단해야 합니다. 아이가 부모의 지도에 자연스럽게 따를 수 있는 환경을 조성하는 것이 중요하며, 억지로 순종을 요구하기 보다 아이 스스로 동기를 느끼도록 돕는 것이 바람직합니다.

만약 부모가 충분한 신뢰와 권위를 세우지 못한 상황에서 아이에게 특정한 행동을 요청해야 한다면, 적절한 격려와 동기 부여를 통해 아이가 기꺼이 응하도록 유도할 수 있습니다. 탈무드 버라호트 17a는 다음과 같이 가르칩니다.

"사람의 행동은 의무감에서 나올 때보다 사랑에서 나올 때 더 큰 효과를 낸다."

즉, 아이가 억지로 순종하는 것이 아니라, 사랑과 긍정적인 동기를 통해 기꺼이 배우고 성장할 수 있도록 돕는 것이 중요합니다.

적절한 시기의 중요성

아이들은 각자 자신의 성장 속도와 리듬에 따라 발달합니다. 부모는 아이가 준비되지 않은 상태에서 과도한 기대를 하거나, 특정 주제를 너무 이른 시기에 강요하지 않도록 주의해야 합니다. 랍비 마할랄(Maharal)은 그의 저서에서 아이들이 배움의 과정에서 충분히 준비되었을 때 학문에 최선을 다할 수 있다고 언급하며, 시기적절한 교육의 중요성을 강조하였습니다.

예를 들어, 자제력이 덜 발달한 아이에게 식사 중에 조용히 앉아 있으라고 요구하는 것은 과도한 기대일 수 있습니다. 부모는 아이가 '작은 어른'이 아니라, 단지 성장하는 '아이'임을 인식하고, 이들의 발달 단계를 존중해야 합니다.

부모의 요구와 배려

일반적으로 부모는 아이가 자신의 뜻대로 행동하기를 기대합니다. 그러나 이러한 기대는 현실적이지 않을 수 있으며, 부모는 자신의 요구가 아이의 능력과 상황에 맞는지 먼저 고려해야 합니다. 긴급한 상황에서는 아이가 뜻밖의 어려운 일을 수행해야 할 수도 있으며, 이때 보상은 아이가 부모의 요청을 받아들이도록 돕는 중요한 도구가 될 수 있습니다.

히누흐(교육)는 반드시 적절한 시기에 이루어져야 합니다. 전도서 3:11절은 이렇게 말씀합니다.
"하나님이 모든 것을 지으시되 때를 따라 아름답게 하셨고."

교육은 하나님의 창조 질서에 따라 적절한 시기를 고려하며 이루어져야 합니다.

좋은 습관 형성

인간은 반복적인 행동을 통해 습관을 형성하도록 창조되었습니다. 아이에게 좋은 습관을 심어주는 것은 부모의 중요한 책임입니다. 탈무드 샤바트 119b는 "어린아이의 습관은 나무의 뿌리처럼 강해진다"고 가르칩니다.

예를 들어, 아이가 매일 양치질을 하면 상을 주겠다고 약속하는 것은 좋은 습관을 형성하기 위한 긍정적인 방법이 될 수 있습니다. 이러한 반복적 행동은 아이의 신체적 건강뿐 아니라 정신적, 영적 건강에도 이로움을 줍니다.

보상의 가치

현명한 부모는 보상의 가치를 적절히 활용하여 아이에게 배움의 동기를 부여합니다. 보상은 단순히 보상이 아니라, 아이가 자발적으로 올바른 행동을 선택하도록 돕는 중요한 도구입니다.

토라를 배우는 것과 좋은 습관을 형성하는 것은 매우 중요한 일입니다. 아이가 토라 학습의 중요성을 깨닫기 전까지는 부모와 교사가 아이에게 흥미를 불러일으키고, 동기를 부여하는 다양한 방법을 찾아야 합니다. 시편 119편 105절은 이렇게 말씀합니다.
"주의 말씀은 내 발에 등이요 내 길에 빛이니이다."

부모와 교사는 이 빛을 아이에게 자연스럽고 즐겁게 전달하는 데 최선을 다해야 합니다.

순종 훈련은 단순히 부모의 권위를 세우기 위한 수단이 아니라, 아이가 책임감과 자발성을 배워가는 중요한 과정입니다. 부모는 배려와 설득, 그리고 적절한 보상를 활용하여 아이가 순종을 기쁨으로 받아들이도록 도와야 합니다. 또한, 아이의 발달 단계와 시기를 존중하며 균형 잡힌 방식으로 교육해야 합니다. 이러한 과정은 아이가 토라를 사랑하며 올바른 삶의 길을 걷는 기초가 될 것입니다.

양심에 호소하는 교육의 한계와 지혜

사람의 양심에 호소하는 방식은 그 사람이 양심의 소리를 들을 준비가 되었을 때에만 효과적입니다. 아이들은 일반적으로 14세가 되기 전까지 양심적인 결단력을 충분히 발달시키지 못합니다. 이는 부모와 교사가 아이들에게 기대해야 할 행동 수준을 결정할 때 반드시 고려해야 할 요소입니다.

아이들이 더 어린 시기에는 부모의 꾸중에 눈물을 흘리거나 반성하는 듯한 태도를 보이며, 다시는 잘못을 저지르지 않겠다고 약속하기도 합니다. 그러나 현명한 교사는 이 약속이 단기간에 그칠 수 있음을 이해하고, 지속적인 교육과 인내가 필요하다는 점을 기억해야 합니다.

탈무드 키두신 30a는 부모의 역할을 이렇게 묘사합니다.
"아버지는 자녀에게 말씀을 가르치고, 성경을 배울 수 있도록 돕고, 선한 삶을 살아가도록 인도해야 한다."

이 가르침은 아이가 양심적으로 성장하는 데 있어 부모와 교사의 역할이 지속적이고 일관된 배움의 과정을 통해 이루어져야 함을 강조합니다.

반복적 잘못의 원인 탐구

아이들이 같은 잘못을 지속적으로 반복하는 경우, 단순히 결과에 초점을 맞추기보다는 그 행동의 원인을 탐구하는 것이 중요합니다. 탈무드 샤바트 105b는 이렇게 말합니다.
"사람은 자녀를 징계할 때도 자신의 감정을 다스리고, 지혜롭게 판단해야 한다."

이는 아이들의 잘못된 행동이 단순히 고의적이거나 반항적인 것이 아닐 수 있으며, 숨겨진 문제나 환경적 요인이 있을 수 있음을 시사합니다.

예를 들어, 반복적 잘못의 원인으로 다음과 같은 요인이 있을 수 있습니다.
첫째, 감정적 스트레스입니다. 가정 내 갈등이나 압박이 아이의 정서적 불안정으로 이어질 수 있습니다.

둘째, 발달적 문제입니다. 특정 연령대의 아이들은 충동 조절이나 자기 표현에 어려움을 겪을 수 있습니다.

셋째, 환경적 요인입니다. 학습 환경이나 부모의 기대가 아이에게 지나친 부담으로 작용할 수 있습니다.

부모는 이러한 원인을 이해하려고 노력해야 하며, 꾸짖기 전에 아이의 상황과 감정을 세심히 살펴보아야 합니다.

잠언 22:6절은 이렇게 가르칩니다.
"아이에게 그가 마땅히 가야 할 길을 가르치라. 그리하면 늙어도 그것을 떠나지 아니하리라."
이 구절은 올바른 훈육이 단순히 결과를 고치는 것이 아니라, 아이의 마음과 삶의 방향을 바로잡는 데 초점을 맞추어야 함을 보여줍니다.

압박과 짜증의 상관관계

부모는 자녀에게 과도한 압박을 가하지 않도록 주의해야 합니다. 압박은 종종 아이의 정서적 불안정과 짜증으로 이어질 수 있습니다. 전도서 7장 9절은 이렇게 말씀합니다.

"급한 마음으로 성내지 말라. 성내는 것이 우매한 자의 품에 머무름이니라."

부모는 자신의 감정을 다스리고, 아이에게 지나친 기대를 강요하지 않도록 해야 합니다.

탈무드 에이루빈 65b는 "화를 내는 부모는 자녀에게 화를 심어줄 뿐이다"라고 경고합니다. 이는 부모가 아이를 징계하거나 지도할 때, 화를 내기보다는 차분하고 지혜롭게 접근해야 함을 강조합니다.

다음은 아이에게 압박을 줄이는 몇 가지 방법입니다.
첫째, 칭찬과 격려입니다. 잘못을 지적하기보다, 아이가 잘한 부분을 칭찬하고 격려하여 긍정적 행동을 강화합니다.

둘째, 현실적인 기대입니다. 아이의 발달 단계에 맞는 기대를 설정하고, 작은 성취에도 만족감을 느낄 수 있도록 도와줍니다.

셋째, 일관된 지침입니다. 부모와 교사가 일관된 규칙과 지침을 제공하여 아이가 혼란을 느끼지 않도록 합니다.

시편 103:14절은 이렇게 말씀합니다.
"이는 그가 우리의 체질을 아시며, 우리가 단지 먼지뿐임을 기억하심이로다."

부모와 교사도 이 말씀을 기억하며, 아이의 연약함과 제한된 능력을 이해하고 수용해야 합니다.

지속적 교육과 인내의 중요성

반복적 잘못을 고치기 위해서는 지속적이고 인내심 있는 교육이 필수적입니다. 아이들은 즉각적으로 변화하기 어려울 수 있으며, 성장과 학습은 시간과 노력을 요하는 과정임을 이해해야 합니다.

갈라디아서 6:9절은 이렇게 말씀합니다.
"우리가 선을 행하되 낙심하지 말지니, 포기하지 아니하면 때가 이르매 거두리라."

이 말씀은 부모와 교사가 인내심을 가지고 아이를 지도해야 한다는 점을 강조합니다.

랍비 나훔은 "작은 씨앗이 땅 속에서 싹트기 위해서는 물, 햇빛, 그리고 기다림이 필요하다"고 말했습니다. 이는 아이들의 변화와 성장이 즉각적으로 이루어지는 것이 아님을 상기시키며, 부모와 교사가 끊임없는 관심과 지도를 통해 아이가 성장할 수 있도록 돕는 역할을 해야 함을 가르칩니다.

양심과 사랑으로 이루어지는 교육

아이에게 양심을 심어주고, 잘못된 행동을 고치기 위해서는 부모와 교사가 사랑과 인내를 바탕으로 접근해야 합니다. 반복적 잘못의 원인을 이해하고, 압박보다는 격려와 지지를 통해 아이가 스스로 변화를 추구하도록 돕는 것이 중요합니다.

　　마태복음 18:12-14절에서 예수님께서 잃어버린 양 한 마리를 찾는 목자의 비유를 말씀하셨듯, 부모와 교사는 아이 한 명의 문제도 간과하지 않고 사랑으로 돌보아야 합니다. 이러한 지속적이고 인내심 있는 교육은 아이가 양심적이고 성숙한 사람으로 자라게 하는 기초가 될 것입니다.

Educational Principles

제 13 장

유대인 교육 시스템의 이해

제13장
유대인 교육 시스템의 이해

유대인 교육을 이해하기 위해서는 그들의 교육 시스템의 구조와 그 역할을 아는 것은 필요합니다. 유대교는 오랜 역사 동안 교육을 신앙과 삶의 중심으로 삼아 왔으며, 이는 오늘날에도 유대 공동체의 정체성을 형성하는 중요한 요소로 작용하고 있습니다.

우리 기독교인이나 현대교육을 담당하는 교육자들에게도 유대인의 교육 시스템은 많은 것을 생각하게 합니다. 그러므로 우리는 유대 교육의 기초 기관인 헤데르(), 데이 스쿨(Day School), 예시바(Yeshiva)에 대하여 알아보려고 합니다. 우리가 이들 교육기관이 어떻게 서로 다르면서도 공통된 목표를 가지고 있으며 그 목표를 이루어 가는지 공부한다면, 우리가 배울 것이 많이 있을 것이라 생각합니다.

1. 유대인 교육의 역사적 배경

유대교의 교육 전통은 성경과 탈무드의 가르침에 깊이 뿌리를 두고 있습니다. 신명기 6:7절에서 "네 자녀에게 부지런히 가르치며"라는 명령이 내려진 이후, 유대 사회는 지속적으로 교육을 강조해 왔습니다.

유대 역사 속에서 교육은 단순한 학문적 지식 습득을 넘어, 신앙과 정체성을 계승하는 핵심적인 수단이었습니다. 이러한 교육의 전통은 수천 년 동안 이어져 왔으며, 디아스포라 시대에도 유대 공동체가 강한 정체성을 유지할 수 있었던 중요한 요소였습니다. 이러한 교육을 감당하는 유대인의 교육 시스템은 역사적으로 다음과 같은 방식으로 발전해 왔습니다.

1) 헤데르(חֶדֶר): 전통적인 유대교 초등 교육 기관으로, 어린이들이 토라와 유대 율법을 배우는 기관.
2) 유대인 데이 스쿨(Day School): 현대적 교육 시스템과 전통 유대교 교육을 결합한 기관.
3) 예시바(Yeshiva): 고등 종교 교육 기관으로, 탈무드와 유대 율법을 심화 연구하는 곳.

2. 유대인 교육의 핵심 목표

유대 사회에서 교육은 단순히 개인의 지적 성장만을 목표로 하지 않습니다. 교육의 핵심 목적은 다음과 같습니다.

첫째, 토라와 전통의 계승
유대인들은 토라와 탈무드가 신앙과 삶의 기초가 된다고 믿습니다. 그래서 교육을 통해 신앙을 다음 세대에 전수하는 것이 유대 사회의 가장 중요한 의무입니다.

둘째, 공동체 형성 및 유지

유대 교육은 개개인의 지적 성장 뿐만 아니라, 공동체 전체를 강화하는 역할을 합니다. 유대인들은 교육을 통해 정체성을 확립하고, 유대 민족의 유대감을 유지할 수 있습니다.

셋째, 실천적 신앙 교육

유대인 교육은 이론적 학습에 그치지 않고, 삶 속에서 실천하도록 가르칩니다. 할라카(유대 율법)를 배우고 지키는 것은 신앙의 삶을 살아가는 필수적인 요소입니다.

우리는 이러한 목적으로 교육하는 유대인의 기초학교에 관하여 공부하며 우리 자녀를 어떻게 하나님의 사람으로 세우고 이 세대가 필요한 사람으로 세울 수 있을까 연구하면 좋겠습니다. 그래서 우리는 유대인이 놓친 것을 보충하여 더 좋은 교육 시스템을 구축하여 우리의 2세를 진정한 하나님의 사람으로, 한국인으로 세계인으로 세우는 교육을 하면 좋겠습니다. 이러한 교육을 소망하며 유대인의 기초학교를 공부하겠습니다.

3. 유대인 교육 시스템

1) 유대인 데이 스쿨

유대인 데이 스쿨(Day School)은 유대교 교육과 일반 학문을 함께 제공하는 학교입니다. 데이 스쿨은 종교 교육만 강조하는 전통적인 헤데르(חֶדֶר)나 고등 수준의 탈무드 연구를 하는 예시바(Yeshiva)와는 다르게, 유대교적 정체성을 유지하면서도 현대적인 교육을 제공합니다.

(1) 데이 스쿨의 특징

① 유대교 교육과 일반 학문 병행
학생들은 토라, 탈무드, 히브리어, 유대교 역사 및 전통을 배우면서 동시에 수학, 과학, 영어, 사회 과목등의 일반 과목도 배웁니다. 유대교적인 가치와 윤리를 중심으로 학생들을 교육합니다.

② 학생 구성
보통 남녀공학으로 운영되며, 모든 유대인 배경(정통파, 보수파, 개혁파 등)의 학생들이 입학할 수 있습니다. 교파마다 신앙적 강조점이 다를 수 있으며, 정통파 데이스쿨은 더 엄격한 종교 교육을 제공합니다.

③ 언어 교육
히브리어 교육이 필수적으로 포함되며, 일부 학교에서는 이디시어나 아람어도 가르칩니다. 수업은 히브리어와 영어 또는 그들이 거주하고 있는 국가의 언어로 진행됩니다.

④ 유대교 전통과 실천
매일 기도(תְּפִלָּה) 시간이 있으며, 샤바트(שַׁבָּת, 안식일)와 절기(유월절, 오순절, 초막절 등)를 엄격하게 준수합니다. 음식 또한 코셔(כָּשֵׁר) 식단을 제공하며, 일부 학교는 정통 유대인 율법을 철저히 따릅니다.

⑤ 공립학교와의 차이점
그들이 거주하는 나라가 어떤 나라이든 그 나라의 공립학교와 달리 유대교적 가치를 중심으로 교육하며, 학생들이 유대인 정체성을 확립하도록 돕습니

다. 하지만 일반 학문도 포함되어 있어 졸업 후 상급학교 진학이 가능하도록 도와 줍니다.

(2) 데이 스쿨의 유형

① 정통파(Orthodox) 데이 스쿨

토라와 탈무드 교육을 강조하며, 샤바트 및 코셔 규정을 철저히 따릅니다. 지역에 따라 남녀 분리 교육을 시행하는 곳도 있습니다. 정통파에서는 유대인 여학교를 따로 두고 있는데 베이트 야아코브(Beit Yaakov)라 부릅니다.

② 보수파(Conservative) 데이 스쿨

전통적 유대교 교육을 제공하지만, 현대적 교육과 균형을 맞추어 교육합니다. 특히 탈무드 교육이 포함되지만 세속 과목도 중요하게 다루며 교육하고 있습니다. 잘 알려진 학교로는 베이트 세페르 슐로모 쉐흐테르(שלמה שכטר בית ספר)가 있습니다.

③ 개혁파(Reform) 데이 스쿨

유대교 정체성을 유지하면서도 보다 자유로운 종교 교육을 제공합니다. 특별히 탈무드 교육보다는 유대교 역사 및 문화에 초점을 맞추어 교육합니다. 개혁파 학교로 알려진 학교로는 베이트 세페르 요미 러포미(ספר יומי רפורמי בית)와 베이트 세페르 예후디 플루럴리스트(בית ספר יהודי פלורליסטי)가 있습니다.

④ 세속 유대인(Secular) 데이 스쿨

세속적인 유대인들은 유대교 신앙 보다는 유대인 문화, 히브리어, 역사 교육을 중점적으로 가르치며 종교적 의무는 강요하지 않습니다.

(3) 헤데르, 예시바, 데이 스쿨 비교

구분	헤데르 (Cheder)	데이 스쿨 (Day School)	예시바 (Yeshiva)
학생 연령	5~13세	5~18세	13세 이상
성별	남학생(여학생은 Beit Yaakov)	남녀 공학 가능	일반적으로 남학생(여학생은 특정 여학교)
교육 내용	종교교육(토라, 탈무드)중심	종교 교육 + 일반 학문	고급 탈무드 연구 중심
언어	히브리어, 아람어	히브리어, 영어	히브리어, 아람어
일반과목	없음	있음	일부만 포함
운영방식	정통 유대교식 교육	유대교 교육과 현대 교육 병행	정통 유대교 중심의 고등 교육

(4) 유대인 데이 스쿨의 교육 내용

① 초등 과정 (Primary School, 5~12세)

- 토라(창세기~신명기) 기초 교육
- 히브리어 읽기 및 쓰기
- 기도 및 유대 절기 교육
- 수학, 과학, 사회 과목 포함

② 중등 과정 (Middle School, 12~15세)

- 탈무드 및 유대 율법 심화 학습
- 히브리어 문법 및 작문 강화
- 일반 학문(문학, 역사, 수학, 과학 등)

③ 고등 과정 (High School, 15~18세)

- 탈무드 고급 과정
- 유대인 철학 및 역사

- 일반 과목(대학 진학 대비)

④ 데이 스쿨을 선택하는 이유

유대교 전통과 신앙을 자연스럽게 배울 수 있으며 가정과 학교가 유기적 관계를 유지하며 유대교적 삶을 일관되게 교육하여 유대인으로서 정체성을 유지할 수 있기 때문입니다. 그리고 종교와 사회의 균형 잡힌 교육을 통하여 종교적 가치와 함께 세속적인 학문도 제공하여 2세들이 유대인으로서 정체성을 가지며 미래 진로 선택이 자유로울 수 있기 때문이기도 합니다.

⑤ 결론

유대인 데이 스쿨은 종교 교육과 현대 학문을 조화롭게 제공하는 학교로, 학생들이 유대교적 정체성을 유지하면서도 대학 진학 및 사회 진출을 준비할 수 있도록 돕습니다. 헤데르와 달리 일반 과목을 포함하며, 예시바보다는 종교 교육의 강도가 낮지만, 전반적으로 유대교 신앙을 유지하도록 돕는 중요한 교육 기관입니다.

2) 헤데르 스쿨

헤데르는 전통적인 유대인 초등 교육 기관으로, 유대교의 종교적 교육을 중점적으로 가르치는 곳입니다. "헤데르"라는 단어는 히브리어로 "방(room)"을 의미하며, 과거에는 작은 방에서 이루어지는 교육이라는 의미에서 붙여졌습니다.

(1) 헤데르의 교육 내용

헤데르는 주로 정통 유대인 공동체에서 운영되며, 일반적으로 5세에서 13세 사이의 남자 어린이들이 다닙니다. 교육 내용은 다음과 같습니다.

① 토라(תּוֹרָה) 교육:

모세오경을 중심으로 성경 읽기와 해석을 배웁니다. 어린이들은 성경을 히브리어 원문으로 읽는 법을 배우며, 초기에는 주로 '창세기'(בְּרֵאשִׁית, Bereshit)부터 공부합니다.

② 탈무드(תַּלְמוּד) 기초 교육:

나이가 들면서 미쉬나와 게마라를 배우기 시작합니다.

③ 히브리어 및 아람어 교육:

성경과 탈무드를 읽고 해석하는 데 필요한 기본 언어 교육이 포함됩니다.

④ 할라카(הֲלָכָה: 율법) 교육:

유대교 율법에 대한 기초적인 이해를 배웁니다. 예를 들어, 샤바트(안식일) 규정, 기도법, 절기 준수 등을 배웁니다.

⑤ 터필라(תְּפִלָּה, 기도) 훈련:

시두르(סִדּוּר, 유대교 기도서)를 사용하여 정해진 기도를 암송하고 습관화합니다.

(2) 헤데르의 특징

남자 아이들을 위한 전통적인 교육 기관이며 정통 유대교 전통에 따라, 헤데르는 남자 아이들이 다니며, 여자 아이들은 보통 별도의 학교(Beit Yaakov 등)에 다닙니다. '멀라메이드'(מְלַמֵּד, melamed)라 불리는 한 명의 교사가 학생들을 가르칩니다. 이 학교는 과거에는 체벌이 허용되는 특별한 학교였으나, 현대에는 점점 줄어드는 추세입니다.

(3) 현대적 변화

오늘날 초정통파 유대인 사회에서는 여전히 헤데르가 중요한 역할을 하지만, 일부 공동체에서는 일반 교과(수학, 과학, 영어 등)를 병행하는 종합적인 유대인 학교인 예시바 카탄(קטנה ישיבה, 어린이 예시바)로 발전하기도 했습니다.

(4) 데이 스쿨(Day School)과의 차이점

헤데르는 종교 교육을 중심(전통적인 유대교 교육)으로 하기 때문에 종교 교육과 함께 일반 교과(수학, 과학, 영어 등)를 가르치는 데이 스쿨과는 다릅니다. 헤데르 학교를 마친 학생들은 일반적으로 예시바에 진학하는데 예시바는 더 높은 수준의 탈무드 및 유대교 학문을 배우는 학교입니다.

(5) 헤데르와 탈무드 교육

헤데르 교육의 핵심은 유대교 경전(토라, 탈무드)에 대한 깊은 이해를 기초부터 쌓는 것입니다. 따라서 5, 6세부터 토라를 암송하고, 7, 8세부터 미쉬나를 배우며, 10~12세부터는 게마라를 공부하는 과정이 일반적입니다.

다시 말해서 헤데르는 정통 유대교 사회에서 자녀들이 토라와 탈무드를 배우며 신앙을 깊이 뿌리내리도록 교육하는 중요한 역할을 합니다.

3) 예시바(ישיבה)

예시바는 유대교 고등 종교 교육 기관으로, 주로 탈무드와 유대 율법을 깊이 연구하는 곳입니다. 전통적으로 정통 유대인 남성들이 다니는 교육기관이며, 히브리어 '예시바(ישיבה)'는 '앉다'라는 뜻에서 유래했는데, 이는 학생들이 한 자리에 앉아 토론하며 학습하는 방식에서 비롯되었습니다.

(1) 예시바의 특징

① 고등 종교 교육 기관
예시바는 일반적으로 13세 이상의 남성 학생들을 대상으로 교육하는 교육 기관입니다. 탈무드와 할라카(율법) 연구를 중심으로 깊이 있는 유대교를 교육하는 기관입니다.

② 주요 교육 내용
탈무드 연구로 미쉬나와 게마라를 체계적으로 연구하며 할라카(율법) 교육을 하며 샤바트 법, 코셔 규정 등 실천적 율법을 깊이 있게 공부합니다.

물론 이러한 모든 교육의 기본은 성경입니다. 유대인들은 성경을 타나흐(תנ"ך)라고 부르는데 이는 오경 선지서, 성문서를 말하는 히브리어 단어의 머리 글자를 따서 모아 부르는 말입니다. 타나흐 뿐만 아니라, 유대교 전통의 해석방법도 함께 배웁니다.

그리고 유대 철학 및 사상을 역사적으로 공부합니다. 특히 라쉬, 람밤 등의 주석과 철학적 논의를 깊이 있게 공부합니다.

③ 토론 중심의 학습 방식
공부는 혼자 하는 것이 아니라 돈을 주고서라도 친구를 사고 선생님을 모시고 공부하는 것이 원칙이라고 가르칩니다.

이 말은 혼자 공부하는 것은 편견과 사견에 사로잡힐 수 있으므로 하나님의 말씀을 바르게 이해할 수 없기 때문에 선생님을 모시고 친구와 함께 짝을 지어

서로 질문하고 답을 하는 방식으로 공부합니다.

특별히 선생님이 요구하는 것은 '육하원칙'(ששת השאלות: 쉐쉐트 하쉐엘로트)입니다. 논리가 정연하지 않으면 안됩니다. 나는 이렇게 생각한다며 자기 주장만 하면 안 됩니다. 반드시 논리가 정연해야 합니다.

'육하원칙'(ששת השאלות: 쉐쉐트 하쉐엘로트)은 논리적 사고와 분석을 위한 기본적인 질문 방식으로, 토라 연구, 탈무드 학습, 법적 토론(할라카 연구) 등에서도 자주 사용됩니다.

④ 학생 구성
예시바는 주로 남학생들만 입학 가능하며, 여학생들은 별도의 종교 학교(예: Beit Yaakov)에서 교육받습니다.

(2) 예시바의 종류
그 목적과 교육 방식에 따라 일반적으로 네 종류의 예시바가 있습니다.

① 예시바 카탄(ישיבה קטנה)
대상: 13세~17세(중고등학교 수준)

특징: 헤데르를 졸업한 학생들이 입학하며, 탈무드 연구가 중심이지만, 일부 학교는 수학, 영어 같은 세속 과목도 가르칩니다.

비교: 기독교 교육에서 '신학교 준비 과정'과 비슷하지만, 엄격한 탈무드 연구가 포함됩니다.

② 예시바 거돌라(ישיבה גדולה)

대상: 17세 이상(고등학교 졸업 후)

특징: 대학 수준의 심화 유대교 연구를 진행하며, 정규 학위 과정이 없을 수도 있습니다. 왜냐하면 학위 과정이 아니기 때문입니다. 그러나 유대교 학교로 편입하는데 문제는 없습니다.

교육 내용: 탈무드, 할라카, 유대 철학, 랍비 문헌 연구 등.

유명한 예시바:
이스라엘: 포네베즈 예시바
미국: 레이크우드 예시바(Beth Medrash Govoha)

③ 예시바 헤스데르(ישיבת הסדר)
대상: 주로 이스라엘의 종교적 시온주의(Modern Orthodox) 청년들

특징: 군 복무와 병행하여 탈무드를 배우는 프로그램(보통 5년 과정).

교육 내용: 탈무드 연구, 유대 율법, 철학, 군사 훈련 병행.

④ 코렐 예시바(כולל ישיבה, Kollel Yeshiva)
대상: 결혼한 성인 남성

특징: 랍비 또는 학자로 성장하기 위한 고급 연구 과정으로, 평생 유대교 연

구를 지속하는 사람들을 위한 교육기관입니다.

교육 내용: 탈무드 심화 연구, 율법 판결, 유대교 철학.

비교: 기독교의 신학대학원과 유사한 기능을 한다고 볼 수 있습니다. 그러나 랍비를 배출하는 랍비대학원과 구별됩니다. 코렐 예시바를 마치고 랍비대학원에 입학하는 학생이 많이 있습니다.

(3) 예시바의 학습 방법

① 토론 방식
학생들은 선생님을 모시고 짝을 지어 함께 토론하며 텍스트 내용을 분석합니다. 이 때 육하원칙을 따라 묻고 답을 해야합니다.

대부분 "이 문장의 의미는 무엇인가?"와 같은 질문을 던지며 토론의 문을 열어 갑니다. 전체를 보고 토론하여 무엇을 말하려고 한다는 것을 찾아냅니다. 그 다음 그것을 말하기 위하여 이 구문은 무엇을 말하고 이 구문을 말하기 위하여 이 단어는 무엇을 말하는가? 즉 이 구문은 왜 이 단어를 사용할 수 밖에 없었는가 하는 것입니다.

② 베이트 미드라쉬(בית מדרש) 시스템
'연구의 집'이라는 의미로, 학생들이 자유롭게 토론하는 공간을 말합니다. 학생들이 소리를 내어 읽고 논의하며, 교사는 토론에 개입하지 않습니다. 학생들이 물어올 때 다음 토론으로 넘어갈 수 있도록 한 단계 문을 열어주는 역할을 합니다.

③ 랍비 강의(Shiur, שיעור)

하루에 한두 번 랍비가 직접 탈무드 수업을 진행합니다. 학생들은 강의를 들은 다음 책을 읽고 토론하던 방식으로 토론을 진행합니다. 오늘 랍비가 가르치려는 것은 무엇인가? 랍비가 그것을 가르치기 위하여 왜 이러한 문장과 구문과 단어를 사용 하였는가?에 대하여 토론합니다.

(4) 예시바와 일반 학교의 차이점

구분	예시바(ישיבה)	유대인 데이 스쿨(Jewish Day School)	일반 학교
대상	주로 13세 이상 남학생	5세~18세 남녀 공학 가능	모든 학생
학습내용	탈무드, 할라카, 유대 철학 중심	유대교 교육 + 일반 과목	일반 과목(수학, 과학, 역사 등)
학습방식	토론(חברותא) 중심, 랍비 강의	교사 강의, 현대적 교육법	교사 중심 강의
세속교육	거의 없음	일부 포함	전적으로 포함

(5) 예시바 졸업 후 진로

① 랍비(רבי)
율법적 권위를 갖춘 유대교 지도자가 됩니다.
유대교 공동체에서 할라카(율법)를 가르치는 교사나 상담하는 상담사가 됩니다.

② 다얀(דיין: 유대교 재판관)
유대 율법을 적용하는 법률 전문가.
유대 법정(בית דין)에서 판사가 됩니다.

③ 종교 학자 및 교사
유대교 교육 기관에서 탈무드와 할라카를 가르치는 학자나 일반 교사가 됩

니다.

④ 일반 직업과 병행

일부 학생들은 예시바에서 훈련을 받은 후 일반 직업을 갖기도 합니다. 다시 말해서 종교적 지도자로 있으면서 일반 직장 생활을 함께하는 경우도 많습니다.

(6) 결론

예시바는 유대교의 핵심 교육 기관으로, 탈무드와 유대 율법을 심도 있게 연구하는 곳입니다. 특히 토론 방식과 랍비 강의가 중심이 되며, 학문적 논쟁을 통해 논리적 사고력을 기릅니다.

이스라엘과 미국을 비롯한 여러 나라에서 다양한 유형의 예시바가 운영되고 있으며, 졸업 후에는 율법 학자, 교육자 등으로 활동할 수 있습니다.

Educational Principles

부록

유대교 신앙교육의 과정과 교과서 그리고 교사의 역할

부 록
유대교 신앙교육의 과정과 교과서 그리고 교사의 역할

유대교의 신앙 교육은 전통적으로 체계적인 과정에 따라 이루어지며, 가정과 공동체, 학교(예시바), 회당(시나고그), 그리고 특정 교재를 중심으로 발전해 왔습니다. 이를 나이에 따른 과정, 신앙교육 교과서, 그리고 교사의 역할로 나누어 간략하게 살펴보겠습니다.

1. 유대교 교육의 연령별 과정

유대교 교육은 어린 시절부터 단계적으로 진행되며, 연령별로 학습 내용과 방식이 정해져 있습니다.

1) 유아기 (0~3세)

교육의 중심은 가정이며, 부모, 특히 어머니가 주요한 역할을 담당합니다. 가장 중요한 것은 슈마(שמע) 기도를 가르치는 것입니다. 이는 유대교의 신앙고백으로, 신명기 6:4-9절에서 유래한 중요한 기도입니다.

그리고 유대력에 따른 여호와의 절기(유월절, 오순절, 초막절 등)를 가정에서 실천하여 요람에서부터 자녀들이 이러한 문화를 익히게 합니다. 뿐만 아니라 매주 돌아오는 안식일 저녁에 아버지가 자녀를 축복하는 것이 유아기 신앙교육의 중요한 부분입니다.

2) 유년기 (3~5세)

아이가 세 살이 되면 부모는 자녀에게 히브리어 알파벳을 가르치기 시작합니다. 그래서 자녀가 처음으로 토라(Torah, 모세오경)의 본문을 접하도록 자연스럽게 인도합니다. 특히 자녀들은 창세기와 레위기의 일부 본문을 배우게 합니다.

전통적으로, 이 시기에 아이들은 꿀을 바른 히브리어 알파벳 과자를 맛보게 되며, 하나님의 말씀을 달콤한 것으로 인식하도록 부모는 열심히 가르칩니다. 그리고 부모는 아이들에게 기도를 가르치고, 종교적 관습(안식일, 절기, 음식법)을 실천하도록 인도합니다.

3) 초등기 (5~10세) - 기본 토라 교육

이 시기의 중심 교육은 토라(תורה, 모세오경) 학습입니다. 보통 5세부터 헤데르(חדר) 또는 회당에서 교육을 받기 시작합니다. 히브리어 읽기를 배우며, 특히 신명기 6:4-9절(슈마 기도)을 암송하도록 합니다. 미쉬나를 읽어 보면 피르케이 아보트 5:21절에서 "5세가 되면 성경(미크라)을 배우기 시작한다" 라고 규정합니다. 이 시기에 아이들은 회당에 가서 기도하는 방법을 배우며, 터필린(תפלה, 기도, 성구상자)의 중요성도 배우게 됩니다.

4) 중등기 (10~13세) - 미쉬나 및 탈무드 학습

10세부터 미쉬나(משנה, 구전 율법)를 공부하기 시작합니다. 히브리어 문법을 익히고, 주석서를 통해 성경 해석을 접하게 됩니다. 이 시기의 중요한 교육 목표는 할라카(הלכה, 유대교 율법)와 윤리적 가치를 학습하는 것입니다.

13세(바르 미쯔바:성인식)가 되면 성인으로서 종교적 책임을 가지게 되며, 처음으로 공적인 회당 예배에서 토라를 낭독하는 전통이 있습니다.

5) 청소년기 (13~18세) - 탈무드 심화 교육

15세가 되면 탈무드(תלמוד)를 공부하기 시작합니다. 탈무드 학습은 논리적 사고와 법률적 토론을 포함하며, 중요한 랍비 문헌(미드라쉬, 할라카 등)도 함께 익힙니다.

18세부터는 학문적 연구와 실천을 병행하며, 유대법(할라카)에 대한 깊은 연구와 이해를 쌓습니다. 예시바(ישיבה)에서 정식으로 공부하는 경우도 있습니다.

6) 성인기 이후 - 평생 학습

유대교에서는 평생 학습을 강조하며, 성인이 된 이후에도 지속적으로 탈무드를 연구합니다. 학문적인 연구를 지속하는 랍비들은 고등교육 과정의 콜렐(כלול)에서 연구를 이어가기도 합니다. 많은 유대인들은 매일 일정량의 토라, 미쉬나, 탈무드를 공부하는 것을 신앙생활의 일부로 여깁니다.

2. 유대교 신앙 교육의 주요 교과서

유대교 교육에서는 특정한 교재가 사용되며, 단계별 학습 과정에서 중요한 역할을 합니다.

1) 토라(תורה)

유대교 교육의 핵심 교재로서, 모세오경(창세기, 출애굽기, 레위기, 민수기, 신명기)을 포함합니다. 유년기부터 암송과 해석을 시작하며, 평생 연구합니다.

2) 미쉬나(משנה)

구전 율법을 체계적으로 정리한 책으로, 10세부터 학습합니다. 미쉬나는 6개 부분(씨앗, 절기, 여성, 손해배상, 성결, 거룩함)으로 구성되어 있습니다.

3) 탈무드(תלמוד)

미쉬나와 그에 대한 랍비들의 해석(게마라, גמרא)이 포함된 책입니다. 예시바에서 심도 있게 공부하며, 논리적 사고와 토론 능력을 기르기 위해 사용됩니다.

4) 미드라쉬(מדרש)

성경의 해석과 윤리적 가르침을 포함하는 문헌으로, 설교 및 교육에 활용됩니다.

5) 할라카(הלכה)

유대교 법률서로서, 실생활에서 지켜야 할 율법과 규정을 담고 있습니다. 주요 서적으로는 《슐한 아루크(שלחן ערוך)》, 《미쉬네 토라(משנה תורה, 마이모니데스 저)》 등이 있습니다.

6) 기도서(סידור)

일상적인 기도와 축복문을 정리한 책으로, 모든 유대인이 사용하는 기본적인 신앙서 입니다.

3. 유대교 교육에서 교사의 역할

유대교에서는 교사(랍비, 학자, 부모)의 역할이 매우 중요합니다.

1) 부모(אמא אב)토라에 따르면 부모가 자녀에게 신앙을 가르칠 책임이 있습니다(신명기 6:7). 가정에서 기본적인 신앙과 율법을 가르치며, 일상생활을 통해 신앙을 전수합니다.

2) 헤데르(חדר) 교사

5~10세 아이들에게 토라와 히브리어를 가르치는 교육자입니다. 회당이나 지역 학교에서 기초 신앙교육을 담당합니다.

3) 랍비(רב)

율법과 탈무드를 가르치는 신앙 지도자로, 예시바에서 교육을 담당합니다. 신학적 해석과 법률적 판결을 담당하며, 공동체의 영적 지도자로 활동합니다.

4) 예시바 교사(ישיבה חדר)

고등 과정에서 탈무드 및 유대 법을 가르치는 주요 교육자로, 논리적 토론과 심화 연구를 지도합니다.

이처럼 유대교의 신앙 교육은 나이에 따라 점진적으로 진행되며, 토라, 미쉬나, 탈무드, 할라카 등의 교재를 중심으로 학습이 이루어집니다. 또한, 부모, 헤데르 교사, 랍비, 예시바 교사 등이 다양한 교육 단계를 담당하며, 유대인들은 평생 학습을 강조하는 전통을 이어갑니다.

탈무드 약어표

1. 저라임

1) 버라호트(Berachoth) - Ber.
2) 페이아(Peah) - Pea.
3) 더마이(Demmai) - Dem.
4) 킬아임(Kilayim) - Kil.
5) 셔비이트(Shebiith) - Sheb
6) 터루모트(Terumoth) - Ter.
7) 마아쓰로트(Maaseroth) - Mass.
8) 마아쎄이르 쉐이니(Maaser Sheni) - M.Sh.
9) 할라(Challah) - Hall.
10) 오를라(Orlah) - Orl.
11) 비쿠림(Bikkurim) - Bikk.

2. 모에이드

1) 샤바트(Shabbath) - Shab.
2) 에이루빈(Erubin) - Erub.
3) 퍼싸힘(Pesachim) - Pes.
4) 셔칼림(Shekalim) - Shek.
5) 요마(Yoma) - Yom.
6) 쑤카(Sukkah) - Sukk.
7) 베이짜(BetZah) - Betz.

탈무드 약어표

8) 로쉬 하샤나(Rosh Hashanah)−R.Sh.

9) 타아니트(Taanith)−Taan.

10) 머길라(Megillah)−Meg.

11) 모에이드 카탄(Moed Katan)−M.Qat.

12) 하기가(Chagigah)−Hag.

3. 나쉼

1) 여바모트(Yebamoth)−Yeb.

2) 커투보트(Ketubot)−Ket.

3) 너다림(Nedarim)−Ned.

4) 나지르(Nazir)−Naz.

5) 쏘타(Sotah)−Sot.

6) 기틴(Gittin)−Git.

7) 키두쉰(Kiddushin)−Kidd.

4. 너지킨

1) 바바 카마(Baba Kamma)−B.K.

2) 바바 머찌아(Baba Metzia)−B.M.

3) 바바 바트라(Baba Batra)−B.B.

4) 산헤드린(Sanhedrin)−Sanh.

5) 마코트(Makkot)−Makk.

탈무드 약어표

6) 셔부오트(Shebuot)-Sheb

7) 에이두요트(Eduyyot)-Eduy.

8) 아보다 자라(Aboda Zara)-A.Z.

9) 아보트(Abot)-Abo.

10) 호라이요트(Horayath)-Hor.

5. 코다쉼

1) 저바힘(Zebachim)-Zeb.

2) 머나호트(Menachoth)-Men.

3) 훌린(Chullin)-Hull.

4) 버호로트(Bechoroth)-Bekh.

5) 아라힌(Arachin)-Arak.

6) 터무라(Temurah)-Tem.

7) 커리도트(Keritoth)-Ker.

8) 머일라(Meilah)-Meil.

9) 타미드(Tamid)-Tam.

10) 미도트(Middoth)-Midd.

11) 키님(Kinnim)-Kin.

탈무드 약어표

6. 토호로트

1) 케일림(Kelim)−Kel.

2) 오홀로트(Ohaloth)−Oho.

3) 너가임(Negaim)−Neg.

4) 파라(Parah)−Par.

5) 토호로트(Teharoth)−Toh.

6) 미크바오트(Mikvaoth)−Mik.

7) 니다(Niddah)−Nidd.

8) 마흐쉬린(Machshirin)−Maksh.

9) 자빔(Zabim)−Zab.

10) 터불 욤(Tebul Yom)−Teb.Y.

11) 야다임(Yadayim)−Yad.

12) 우커찐(Uktzin)−Uktz.